WENN DIR DAS LEBEN ZITRONEN GIBT

Mehr Bäume.
Weniger CO_2.
www.cpi-print.de/umwelt

MIX
Papier aus verantwor-
tungsvollen Quellen
FSC® C083411

Susi Safer:
Wenn dir das Leben Zitronen gibt...
Alle Rechte vorbehalten
© 2020 edition a, Wien
www.edition-a.at

Cover: Dasuno
Satz: Lucas Reisigl

Gesetzt in der Premiera
Gedruckt in Deutschland

1 2 3 4 5 — 23 22 21 20

ISBN 978-3-99001-397-7

SUSI SAFER

Wenn dir das Leben Zitronen gibt...

WIE ICH KOMPLETT AM BODEN WAR UND DABEI DAS GLÜCK FAND

edition a

Inhalt

Wie machst du das?

Vor ein paar Stunden fühlte ich mich noch unbezwingbar. Um ehrlich zu sein, fühlte ich mich eigentlich sogar ein kleines bisschen unsterblich. Klingt das irgendwie überheblich? Schon, oder? Aber da war eben dieses eine bestimmte Gefühl. Diese eine Art von unsterblich. Es gibt ja zwei davon. Die erste: Wenn du den Tod einfach nicht am Schirm hast, weil du mit tausend anderen Sachen beschäftigt bist. Damit, viel zu arbeiten, um endlich berühmt zu werden, online zu shoppen oder dem Hund zum tausendsten Mal zu erklären, dass er nicht auf den Reifen des Nachbarn pinkeln soll, weil der sich eh schon, ich weiß nicht wie oft, darüber beschwert hat.

Ach ja, und damit, zu googeln, wie du diesen nervigen Rotweinfleck aus dem beigen Sofa bekommst. Der erste Tipp, den das Internet ausspuckt: Man soll ihn mit Salz behandeln. Habe ich probiert, doch man sieht ihn noch immer. Egal. Es war ein toller, sensationeller, lustiger Abend. Verbuchen wir es unter Kollateralschaden. Dinge, die passieren, wenn man das Leben feiert, es einen vor Lachen komplett durchbeutelt und der Wein über das dickbauchige Glas schwappt.

Ach, weißt du was, Schwamm drüber und passt schon. Ich will mich nicht zu lange mit diesem einen Zugang zur vermeintlichen Unsterblichkeit herumschlagen. Wo man glaubt, es geht ewig und noch länger weiter und deshalb müllt man seine Tage mit Dingen zu, die einem so unfassbar wichtig erscheinen. Tja, und dann kommt Tag X und das große Wundern... Denn, Überraschung Nummer eins: Es stimmt nicht. Es geht nicht unendlich lange weiter.

Die zweite Art der Unsterblichkeit fühlt sich anders an. Superer. Superlativer. Superheldenhafter. Von diesem Gefühl rede ich gerade. Man glaubt, es kann kommen, was will – man steht da drüber. Easy, ohne mit der Wimper zu zucken, nicht mal eine winzig kleine Schweißperle treibt es einem auf die Stirn. Wenn es sein muss, rettet man im Vorbeigehen und völlig mühelos auch noch gleich die Welt. Die gehört einem ohnehin, logisch.

Solche Momente gibt es nicht oft. Deshalb: Wenn dir so ein Augenblick unterkommt, darfst du ihn nicht kleinreden, sondern musst ihn auskosten. Im seltensten Fall fühlt man sich nämlich grundlos so unglaublich heldenhaft. Meistens hat so ein Gefühl eine Vorgeschichte. Manchmal hat die mit Drogen oder Egoproblemen zu tun. Oder wie bei mir damit, etwas Großes geschafft und erreicht zu haben. Und dann denkt man sich: Leckt mich jetzt alle bitte gehörig am Arsch, mir passiert gar nichts mehr!

Überraschung Nummer zwei: Es stimmt nicht. Einem kann sehr wohl noch was passieren. Denn, wenn du Pech hast, bremst dich das Leben genau in diesem wunderbaren Unsterblichkeitsmoment ordentlich aus. Als würde es dir sagen wollen: Übertreib mal nicht, sondern komm da lieber runter von deinem hohen Ross.

Oder in meinem Fall runter vom Downhill-Mountainbike, mit dem ich die Freeride-Strecke im Bikepark Zauberberg Semmering heruntergebrettert bin. Ich kann dir gar nicht sagen, wie sehr ich diese Mischung aus Nervenkitzel, ein bisschen Angst und echter Herausforderung liebe. Herrlich ist das! Das ist wie beim Freeriden im Schnee, der modernen Version des Tiefschneefahrens, bloß mit etwas mehr Lebensgefühl.

Normalerweise bin ich da immer mit meinen Freunden unterwegs. Zu diesen Sportarten bin ich auch über meinen Freundeskreis gekommen, der zum Großteil aus Männern besteht. Aus abenteuerlustigen Männern, die im Inneren immer Kind geblieben sind. Keine Ahnung, warum ich zu Buben in Sachen Freundschaft vor allem früher einen besseren Draht hatte als zu Frauen. Also nicht, dass ich etwas gegen Frauen hätte. Habe ich nicht. Im Gegenteil. Frauen sind super. Hat sich damals einfach so ergeben.

Ich habe – vor allem mittlerweile – auch viele Freundinnen. Nora zum Beispiel. Meine beste. Na gut, »mittlerweile« ist bei ihr das falsche Wort, sie war irgendwie schon immer da, seit meiner Kindheit beziehungsweise Vorpubertät und ist aus meinem Leben definitiv nicht mehr wegzudenken. Sie kommt in dem Buch bestimmt noch öfter vor, weil sie einfach eine so große Rolle in meinem Leben spielt. Uns verbinden so viele Erlebnisse, so viele Sachen. Sport allerdings nicht. Sie setzt bei diesen ganzen Hang- und Bergabwärtsfahrten lieber aus. Im Gegensatz zu mir. Es war nie meins, nur zuzuschauen, wie andere irgendetwas machen. Dafür bin ich viel zu neugierig. Ich muss alles selbst ausprobieren, mittendrin.

An diesem einen Nachmittag war ich allerdings auch ohne meine anderen Freunde unterwegs, weil sie entweder keine Zeit oder keine allzu große Lust hatten. Also bin ich allein losgezogen, weil ich unbedingt Sport machen und etwas unternehmen wollte. Ich habe einen unglaublichen Drang, mich zu bewegen und kann nur schwer stillsitzen. Eh super, laut World Health Organization sollten wir uns ohnehin jede Woche mindestens 150 Minuten lang moderat oder 75 Minuten intensiv bewegen. Das machen in Deutschland und Österreich viel zu wenige Leute. Zumindest für die Statistik kann es nicht schaden, dass ich den Durchschnitt immerhin ein bisschen in die Höhe treibe.

Sogar beim Schreiben dieser Zeilen muss ich immer wieder aufstehen und zumindest ein paar Schritte gehen. Vom Schreibtisch zum Kühlschrank. Wein nachschenken. Sind hin und zurück circa zwanzig Schritte. Fällt unter moderat, fix. Oder ich laufe kurz raus in den Garten, meinem Hund Saganaki hinterher. Ein Mischling im besten Alter, benannt nach gebackenem Feta, einer griechischen Spezialität, weil ich ihn verwahrlost gefunden habe, auf Karpathos, einer griechischen Insel, die meine Freunde und ich jedes Jahr besuchen. Saganakis neueste Angewohnheit: Er haut ab, sobald die Terrassentür offensteht.

Und das hatten wir ja schon: Kaum in Freiheit, bepisst er vor lauter Freude oder sonst einem Hochgefühl die Reifen des Nachbarn. Und ich kann mir dann wieder die ewig alte Beschwerdeleier anhören: Wieso macht er das? Können Sie ihn bitte gescheit erziehen? Und so weiter und so fort.

Aber wie bin ich jetzt eigentlich wieder auf den Hund gekommen? Ach ja, wegen der Bewegung. Und meiner Solo-Abfahrt am Semmering, wo plötzlich dieser verdammte Stein im Weg herumlag. Also, es lagen ja viele umher, wie das halt so ist auf einer Downhill-Strecke. Aber der eine Stein, der hatte sich eine besonders blöde Stelle zum Herumliegen ausgesucht, auf dem landete ich nämlich, nachdem ich zuerst auf andere Art ins Schleudern gekommen war, mit meinem Knöchel. Autsch.

Anfangs dachte ich, ich hätte mir beim Aufprall meinen Fuß nur irgendwie beleidigt. Gut, er stand vielleicht ein biiiiisschen komisch weg. Vermutlich ausgerenkt. Das kann vorkommen. Bei Sportarten wie diesen sollte man jetzt nicht unbedingt wehleidig oder großartig zimperlich sein.

»Hey«, rief ich zwei Typen zu, die, kurz nachdem ich gestürzt war, mit ihren Bikes an mir vorbeifuhren, »könnt ihr mal bitte ein bisschen an meinem Fuß anziehen? Auf drei!«

Sie blieben stehen und stiegen von ihren Rädern. »Bitte, was sollen wir tun?«

»Kurz an meinem Fuß anziehen. Ich habe mir den Knöchel ein bisschen ausgerenkt. Auf drei! Eins... Zwei...«

Die beiden sahen zuerst einander und dann mich irritiert an.

»Bist du dir sicher? Willst du dir das nicht lieber im Spital anschauen lassen? Wäre vermutlich gescheiter.«

»Nein, geh bitte, das ist keine große Sache. Einfach kurz anziehen. Der ist gleich wieder drin. Also, noch einmal: Auf drei! Eins... Zwei...«

Der eine schaute mich weiterhin verunsichert an, während der andere, etwas mutiger, meinen deformierten Fuß umfasste.

»Drei... Und zieh!«

Er zupfte vorsichtig daran. Es tat sich nichts.

»Mach nochmal. Vielleicht eine Spur engagierter. Ein wenig leidenschaftlicher, bitte!«

Er zog nochmal an meinem Fuß. Eventuell einen Hauch fester. Half nur nichts.

»Nein, lass gut sein. So wird das nichts. Ich fahre runter in die Station, aber danke euch.«

»Kommst du auch wirklich klar?«, fragten sie mich besorgt, mit noch immer sehr beunruhigtem Gesichtsausdruck.

»Ja, ja, sicher. Alles gut«, antwortete ich, winkte ab und deutete ihnen, weiterzufahren, was sie schließlich auch taten. Dann wollte ich aufstehen. Die Betonung liegt auf »wollte«. Ein stechender Schmerz zog sich von den Füßen hinauf bis in sämtliche Spitzen meines Körpers. Halleluja! Hölle, Hölle, Hölle! Ich wusste nicht, dass ein ausgerenkter Knöchel so böse wehtun konnte. Tat er aber.

Im Krankenhaus war ich zunächst trotzdem noch ziemlich zuversichtlich. Die Frau, die vor mir dran war, hatte nämlich auch ein Knöchel-Aua. Als sie aus dem Behandlungsraum kam, verkündete sie erleichtert: »Ist nur ein bisschen gezerrt, alles gut.« Wird bei mir auch so sein, dachte ich mir da noch. Rückblickend vielleicht eine etwas eigenartige Logik, aber hey, ich stand unter Schock.

»Es tut mir leid, Frau Safer, da ist ordentlich was kaputt. Ich fürchte, das müssen wir operieren«, verkündete der Arzt ein paar Minuten später mit mitleidiger Miene und zerstörte mit diesem lapidaren Satz meine ganze Zuversicht. Seine Prognose: Acht bis zehn Wochen Gips. Scherz, oder? Von mir aus Gips. Aber mit Operation? So mit Schrauben und Metallteilen? Und braucht das echt so lange, um zu heilen?

»Da sind nicht einfach nur die Bänder gezerrt?«
Der Arzt schüttelte den Kopf.

»Sicher nicht?«

Der Arzt schüttelte wieder den Kopf. Dieses Mal ein bisschen energischer.

»Auch nicht ausgerenkt?«

»Nein, leider mehrfach gebrochen.« Abermaliges Kopfschütteln, jetzt schon etwas entnervt, nach dem Motto: Was versteht die Gute daran bitte nicht? Aber ich verstand es wirklich nicht. Der Sturz war doch bitte nicht so schlimm, dass ich dessen Nachwehen jetzt bis zu drei Monate spüren sollte!

»Schauen Sie, Sie können sich das so vorstellen, als würden sie mit einem Mörser eine Handvoll Nüsse zerkleinern. So in etwa sieht ihr Knochen momentan aus...«, erklärte der Mediziner weiter.

»Aha«, antwortete ich ihm geistesabwesend und wartete darauf, dass der Arzt seine Diagnose endlich in den Computer tippte. Denn ich hatte einen guten Plan: Sobald er damit beschäftigt war, viele lateinische Fremdwörter in meine Patientenkartei zu klopfen, würde ich die Röntgenbilder mit dem Handy abfotografieren und einem befreundeten Chirurgen schicken. Ich wollte nicht, dass er davon etwas mitbekam, weil ich es als unhöflich empfand, seine Arbeit so offensichtlich anzuzweifeln, auch wenn ich mir sehr, sehr sicher war, dass er sich irrte. Und man weiß ja, wie die meisten Menschen reagieren, wenn man ihre Leistung infrage stellt: selten erfreut.

In einem unbeobachteten Moment drückte ich mehrmals auf den Auslöser und leitete die Schwarz-Weiß-Aufnahme meines Knöchels meinem Arzt-Freund weiter. »Ich brauche bitte dringend deine Einschätzung. Schau dir das kurz an. Habe ich da was?«, schrieb ich zu den Bildern und erwartete mir, dass mir Veith antworten würde, dass wir das auch ohne Operation in den Griff bekommen würden.

»Ja, hast du!!!«, kam zurück. »Was ich so sehen kann, schätze ich, du wirst nicht an einer OP vorbeikommen. Inklusive Liegegips. Könnte ein bisschen dauern.« Frustriert ließ ich das Handy in meine Tasche fallen. Noch im Flug bimmelte es erneut. Ich fischte nach meinem Smartphone. Eine weitere Nachricht von Veith. Ha, doch Entwarnung, wusste ich es doch. Es konnte nicht so schlimm sein.

»Auch wenn es dir nicht passt, Susi, du musst jetzt Geduld haben!!« Verdammt. Das war nicht die Nachricht, auf die ich gehofft hatte. Alle, die mich kennen, werden an dieser Stelle laut auflachen. Denn es gibt da folgendes, klitzekleines Problem: Ich besitze keine Geduld. Nicht einmal ansatzweise. Keinen noch so kleinen Funken.

Ich habe in meinem bisherigen Leben vier Knie-Operationen hinter mich gebracht – und in jedem Fall war ich selbst daran schuld. Es hieß ausruhen, schonen und ich habe mich nicht daran gehalten, weil ich es nicht ausgehalten habe, nichts zu tun. Selbst nach den Eingriffen am Knie habe ich mir, quasi vom OP-Tisch aus, noch ein Taxi bestellt und mich ins Büro fahren lassen, um dort was weiterzubekommen. Fades Herumliegen ist einfach nichts für mich.

Und was machte ich jetzt? Genau das! Ich lag hier in diesem öden Krankenhauszimmer, atmete stinkige Spitalsluft und starrte an die Decke, an der ein altmodischer Blumenluster aus Keramik hing. So einen und noch viele mehr in dem Stil hatten wir im Leuchtengeschäft meiner Familie. Haben mir nie besonders gefallen, aber angeblich verkauft sich der Stil gut. Oh, na, vielleicht sind die ja sogar von uns? Hm, ich schätze, dann muss ich sie jetzt eh gut finden. Und irgendwie passen sie ja zu den hellblonden Wänden und den flaschengrünen Tür- und Fensterrahmen. Pseudo-Biedermeier, eine gut gemeinte Schloss-Schönbrunn-Kopie.

In dem Moment kam mir Lilian Harvey mit ihrer Knöchelgeschichte in den Sinn. Warum eigentlich? Keine Ahnung. Aber fällt einem nicht ausgerechnet unter der Dusche ein, dass man noch dringend Geschirrspülmittel kaufen muss, das man seit zwei Wochen jeden Tag vergisst, endlich den blöden Erlagschein mit der Parkstrafe einzahlen sollte und auch der Friseurbesuch schon längst überfällig ist, geschweige denn der bei der Nagelpflege? Eben.

Ich weiß auch nicht mehr, wo ich die Story überhaupt aufgeschnappt hatte. Wahrscheinlich bei irgendeinem geschäftlichen Abendessen, wo sich einer mit dem Wissen um diese Anekdote rühmen wollte. Ist aber auch eine echt nette Geschichte. Die gebürtige Britin begann ihre Bühnenkarriere als Tänzerin. Mit 17 wurde sie am Wiener Varieté Ronacher engagiert. Eine ziemlich coole Sache für eine aufstrebende Künstlerin.

Noch cooler: Der deutsche Filmproduzent Richard Eichberg saß eines Abends im Publikum und war vom Auftritt der jungen Harvey so begeistert, dass er ihr sofort ein Angebot für seinen nächsten Film machte. Nur sie selbst fand seinen Vorschlag scheinbar nicht besonders prickelnd. Sie sagte ab, weil ihr die Filmbranche zu unsicher vorkam. Das war zu einer Zeit, in der das Theater auch tatsächlich noch einen weitaus besseren und beständigeren Ruf genoss als Kino und Fernsehen.

Ein paar Tage später jedenfalls stürzte sie schwer und brach sich – zack – den Knöchel. Die Ärzte sagten, sie würde so schnell nicht mehr professionell tanzen können. Produzent Eichenberg bekam davon Wind, witterte seine Chance, doch noch mit ihr ins Geschäft zu kommen und schickte ihr erneut einen Vertrag ins Spital. Dieses Mal unterzeichnete sie. Der Rest ist Geschichte: Harvey wurde zu einem der großen Stars der 30er-Jahre in Deutschland und spielte in mehr als 55 Filmen mit. Na ja, wer weiß, was man noch alles an Großartigkeiten erwarten würde. Wenn es bei einer Lilian Harvey klappt, warum nicht auch bei mir.

Verträumt schielte ich auf den noch ziemlich frischen Gips an meinem Bein, als es klopfte.

»Ja? Herein!«, sagte ich.

Die Klinke bewegte sich langsam nach unten und genauso langsam öffnete sich die Tür. Meine Freundin Doris steckte ihren Kopf durch den Spalt und lächelte mir mild entgegen.

»Na, du«, sagte sie, presste mitfühlend die Lippen zusammen und wedelte mit einem Strauß Blumen in meine Richtung. »Wie geht es dir?« Kurze Pause. »Sorry! Blöde Frage, gell! Wie soll es dir mit dem kaputten Knöchel schon gehen...«

»Du, eh okay, alles gut«, sagte ich, »ich freue mich, dass du da bist!«

»Du machst aber auch immer Sachen. Wie lange wird es dauern, bis alles wieder verheilt ist?«

»Der Arzt hat was von acht bis zehn Wochen gesagt. Zuerst einige Wochen Liegegips, dann einen normalen.«

»Scheiße, dann fällt ja auch dein jährlicher Karpathos-Urlaub ins Wasser.«

»Wie? Wieso?«

»Wolltet ihr da nicht im Juli fliegen? Da hast du dann ja noch deinen Gips.«

»Na, macht ja nichts. Ich fliege trotzdem«, sagte ich und nippte an meinem Mineralwasser.

»Mit Gips?«, Doris riss ungläubig die Augen auf.

»Sicher! Dann brauch' ich wenigstens die Koffer nicht selbst schleppen«, lachte ich.

Doris sah mich etwas verklärt an.

»Stimmt was nicht?«, wollte ich von ihr wissen.

»Doch, doch, alles gut, ich frag' mich nur gerade… Sag, wie machst du das eigentlich?«

»Wie mache ich was?«

»Na, dass du so lustig und locker und optimistisch bist nach dem ganzen Scheiß.«

Andere sammeln Briefmarken, ich Schicksalsschläge

Damit auch du am selben Wissensstand wie meine Freundin bist, sollte ich dir vielleicht kurz erzählen, was sie mit »dem ganzen Scheiß« gemeint hat:

Sache Nummer eins: Mein Schädel.

Es war 1998. Ich bin mir jetzt eigentlich gerade ziemlich sicher. Oder doch 99? Eigentlich komplett egal für die Geschichte. Da fällt mir ein, 2000 war dann... Ja, 1999 war es. So, jetzt haben wir's!

Es war mitten im Frühling. Alles blühte, die Natur tauchte die Umgebung in angenehme Pastellfarben und die Nächte waren nicht mehr ganz so frostig. Wir waren aus, um eine bestandene Medizinprüfung von unserem Freund Markus zu feiern. Alles war ganz großartig. Wie das halt so ist, wenn man jung ist und das Leben genießt. Aufgedrehter Wahnsinn. Wir waren jetzt nicht irrsinnig besoffen, leicht beschwipst vielleicht, wir sind von Lokal zu Lokal gezogen und in jeder Bar haben wir Leute mitgenommen.

Am Ende sind wir im Tanzcafé Jenseits gelandet, als riesige Gruppe an feier- und lebenslustigen Menschen. Das Lokal war zu der Zeit total in und dementsprechend voll. Damals gab's noch nicht so viele Bars und Clubs. Das klingt jetzt unglaublich alt, aber es war echt ein bisschen anders. Jetzt steht ja ein Hipsterschuppen neben dem anderen im sechsten, siebten Bezirk. Vor zwanzig Jahren gab es original drei Lokale in meinem damaligen Viertel, wo man seine Abende verbracht hat: die Bar Italia, die Schulz-Bar und das Café Jenseits. Ach so, und das Café Europa, klar. Das gab es aber irgendwie schon immer. Und die Camera, aber die war quasi ein reiner Drogen-umschlagplatz und keine Location, um abzufeiern.

Somit war das Jenseits eine zum Bersten volle Hütte, was einerseits großartig geil war, aber andererseits war die Luft dementsprechend elend. Damals war auch das Rauchen noch für alle super und fast jeder hat's getan. Kann man sich heute auch nicht mehr vorstellen, oder?

Die Getränke waren... Na ja. Ich weiß noch, dass ich meine Nase an diesem einen Abend ins Glas gesteckt und gesagt habe: »Der Wein riecht jetzt schon wie gekotzt«. Getrunken habe ich ihn trotzdem, dazu eine geraucht. Dann ist mir ganz schnell sehr schwindlig geworden und ich bin vor die Tür getaumelt. Einer der Jungs, der mit von der Partie war, ist hinter mir nachgewankt. Zum Glück, denn draußen ist mir so schwindlig geworden, dass ich einfach in Ohnmacht gefallen bin. Bumm, zack, mit dem Hinterkopf direkt und mit Vollgas auf die Gehsteigkante.

Irgendwann, vermutlich ein paar Minuten später, bin ich wieder zu Bewusstsein gekommen. Und da lag ich in meinem Ausgeh- und Prüfung-bestanden-Outfit mitten in der Nacht zwischen den parkenden Autos, Blick nach oben, lauter Menschen um mich herum, die besorgt dreinschauten. Über ihren Köpfen war da das Licht vom Neon-Schild des Lokals, das mir ins Gesicht strahlte und in meinen Augen brannte. Und mein Kopf – der tat ziiiiiemlich weh.

Am Weg ins Spital habe ich dann, wie prophezeit, gekotzt. Allerdings nicht vom Spritzer, sondern wegen der Schmerzen. An viel mehr kann ich mich nicht erinnern. Doch, an einen überaus schlechten Witz einer Ärztin. »Oje, da haben wir wohl einen Sprung in der Schüssel«, hat sie gesagt, als sie sich das Röntgenbild meines Schädels ansah. Finde ich bis heute noch wahnsinnig unpassend.

An noch etwas erinnere ich mich: an Alex, der meine Jeansjacke getragen hat. Das Teil sah an ihm aus wie ein winziger Bolero in Kindergröße. Schräg, welche Details man in seiner Erinnerung oft abspeichert, oder? Zum Beispiel die eine Szene, in der das Krankenhauspersonal mein Bett superschnell und superhektisch den Spitalsgang entlangschob, vorbei an meinen Freunden, die noch immer sehr besorgt dreinblickten.

Dann war's vorbei. Alles schwarz und dunkel. Außer, wenn mein damaliger Freund zu Besuch kam. Wenn er da war, hat sich alles wohlig warm angefühlt. Das kennt man eh aus diesen ganzen Koma-Geschichten und das ist echt so. Obwohl, ich war ja nicht im künstlichen Tiefschlaf, ich lag nur ziemlich weggetreten auf der Intensivstation. Mein Frontallappen war stark angeschwollen. Durch den heftigen Aufprall am Hinterkopf hat es mein Hirn vorne an die Schädeldecke geschleudert und das hat einen ordentlichen Bluterguss verursacht. Status: »Man muss das sehr gut überwachen, weil das sonst ziemlich ins Auge gehen könnte«.

Und es gab sie tatsächlich – diese Momente, in der alles, also mein Leben, an der Kippe stand. Das habe ich aber natürlich nicht wirklich mitbekommen in meinem Dämmerzustand. Also schon, aber nicht bewusst und ich konnte es auch nicht richtig einordnen. Einmal habe ich mich innerlich zum Beispiel furchtbar aufgeregt über das Scheißgerät neben mir, das irgendwann mal so irrsinnig laut gepiepst hat. »Nicht mal hier hat man seine Ruhe«, dachte ich mir, »wie soll man da gesund werden? Unmöglich!« Das Teil hat auf einmal losgeheult wie eine Sirene. In Wahrheit hätte ich für diesen penetranten Ton dankbar sein müssen, denn da hatte ich einen dieser »Vielleicht muss ich sterben«-Augenblicke.

Insgesamt war ich schließlich drei Wochen lang auf der Intensivstation. Da beobachtest du Sachen, die alles andere als schön sind, kann ich dir sagen. Die Zimmer sind ja alle gläsern, zwecks der Dauerüberwachung, und links und rechts von dir siehst du relativ leblose Körper, aus denen zig Schläuche hängen. Wenn du dann mal wieder einigermaßen gerade siehst, auch das dauert nach so einem Schädel-Hirn-Trauma. Die ganzen Sinne sind bei mir nur ganz, ganz langsam und nach und nach zurückgekommen.

Wo wir wieder bei der Sache mit der Geduld wären. Die habe ich nicht, wie wir eh schon wissen. So eine Verletzung ist echt nichts für rastlose und zappelige Gemüter. Mein Geruchssinn ist übrigens nach wie vor weg. Bitter, weil ich den Duft von frischem Gebäck, frischer Bettwäsche, frisch geschnittenem Gras und Schnee vermisse. Und weil ich nie weiß, ob mein Deo noch hält oder ob ich schon zu einer olfaktorischen Zumutung geworden bin.

Manchmal ist das Leben mit Anosmie aber gar nicht mal so übel. Nämlich immer dann, wenn's wo stinkt. Im australischen Canberra wurde unlängst eine ganze Uni evakuiert. Hintergrund: Irgendjemand hatte eine Durian-Frucht, umgangssprachlich auch Stinkfrucht genannt, in einem Mülleimer entsorgt. Das wussten die Leute dort aber nicht und dachten, der beißende Geruch käme von Gas. Deshalb gab es riesige Aufregung und großes Drama. Schlussendlich war's aber nichts Lebensgefährliches, sondern einfach nur ein bisschen ekelhaft. Ja, und solch geruchsintensive Erlebnisse bleiben mir eben erspart. Und wenn man im Sommer in der U-Bahn fährt, da stinkt es für alle, nur für mich nicht. So, jetzt aber genug davon und zurück ins Krankenhaus, das im Übrigen auch eine sehr unangenehme Geruchsaura umgibt...

Nach der Zeit auf der Intensivstation musste ich noch weitere zwei Monate im Spital bleiben. 91 lange Tage. 2184 üble Stunden. 131.040 mühsame Minuten.

Es gab aber auch viele lustige Momente, muss ich schon zugeben. Zum Beispiel hat mir Tinchen-Gerti, eine meiner Freundinnen, extragroße und extravagante Sonnenbrillen ins Spital gebracht, weil meine Augen plötzlich irrsinnig empfindlich waren und normales Tageslicht eine Zeit lang viel zu hell für mich war. Dazu hat sie mich auch gleich neu eingekleidet – mit einem überaus kitschigen rosa Seidennachthemd. »Damit du hübsch bist für die Ärzte hier«, hat sie gesagt. Ha ha ha.

Ich glaube, an diesem Punkt in meinem Leben bin ich ein anderer Mensch geworden, als ich hätte werden können. Manchmal glaube ich, ohne mein Schädel-Hirn-Trauma hätte ich mich zu einem kopflosen Überflieger entwickelt.

Ich habe mir im Leben nie schwergetan, war bei allen ziemlich beliebt und hatte diesen auffälligen, blonden Lockenmopp auf dem Kopf, der mich automatisch zu einer Erscheinung gemacht hat. Wenn ich wo zur Tür rein bin, war ich da und unübersehbar mit meinen Haaren, was mir bei Männern oft ziemlich viele Pluspunkte eingefahren hat. Und ich war jung. In dem Alter geht es relativ schnell, dass man glaubt, man ist etwas Besseres. Das Potential zum Arschlochtum war definitiv gegeben. Mein angeschwollenes Hirn hat mich gerettet, wenn man so will.

Und es hat mir neben viel Kopfweh den allerallerbesten Freund der Welt beschert – Alex. Und es hat mir gezeigt, wie viele andere großartige Menschen ich in meinem Leben habe. Sie waren alle dabei – in dem Moment, als ich da am Gehsteig lag und an jedem einzelnen Tag, an dem ich mich zurückgekämpft habe.

Jeden Abend nach ihrer Arbeit saßen sie bei mir im Spitalszimmer und wir haben zusammen gegessen. Ich aß das Zeug aus dem Krankenhaus, sie irgendwas vom Lieferservice. Wir alle haben über die Erlebnisse des Tages gesprochen und die Jungs untereinander über Autos und nackte Frauen. Manchmal haben wir gar nicht geredet.

Also, mal waren die einen da, dann die anderen. Wer immer, immer, immer da war: Alex. So unglaublich lieb, dabei waren wir zu dem Zeitpunkt nicht großartig miteinander verbandelt.

Mit 16 habe ich ihn zum ersten Mal gesehen. Im Volksgarten und damals fand ich: Puh, der geht gar nicht. Er war einer, der mit Sakko ausging. Mit Sakko. Zumindest an diesem Abend trug er eines. Sakko. Macht er heute nicht mehr. Ganz im Gegenteil, er ist einer von den Coolen geworden. Durch gemeinsame Freunde hat sich das anfänglich zwischen uns zu einem Ausgeh-Ding entwickelt. Wir haben uns freitags oder samstags sporadisch gesehen. Dieses »Ich ruf dich unter der Woche an und erzähl dir von meinen Problemen« hatten wir da noch nicht. Heute schon. Und zwar – seit damals – täglich. Aber dazwischen liegen ja auch ein paar verbindende Etappen.

Nach meinem Schädel-Hirn-Trauma haben wir ein halbes Jahr lang jeden Tag etwas miteinander unternommen. Ich durfte nicht Auto fahren und auch nicht arbeiten und damit mir nicht wieder irgendetwas auf den Kopf fiele, etwa die Decke, hat sich Alex meiner angenommen. Er hat mir täglich ein Unterhaltungsprogramm zusammengestellt.

Diese Nacht hat uns für immer zusammengeschweißt. Ein bisschen wie bei »Twilight«. Hast du's gesehen? In der dritten und vierten Folge gibt es dieses... Ich weiß gerade nicht, wie genau sie es nennen... Prägung, glaube ich. Da geht es jedenfalls darum, dass ein Werwolf einmal im Leben seinen Seelenverwandten trifft. Irgendeine Art von Bonding, die da stattfindet. Und die gab es eben auch bei uns in dieser einen Nacht, in der ich fast mein Hirn und mein Leben verloren hätte.

Sache Nummer zwei: Mein Finger.

Wir sind mit *Lola* rausgefahren. So hieß das Boot von Alex. Keine Ahnung, warum er es ausgerechnet Lola nannte. Der Name gefiel ihm und er fand ihn passend für dieses schöne, schicke Frauscher-Teil mit Elektromotor. Es war ein schöner Tag. Ein wolkenfreier Sonntag, vierzig Grad, gefühlt sechzig. Absolut windstill. Kurzer Input: Falls du beim Lesen gerade Chips oder ein Butterbrot oder sonst etwas Gutes isst – leg dein Essen vielleicht für einen klitzekleinen Augenblick weg. Tu dir den Gefallen und schiebe es zur Seite. Glaub mir. Es sei denn, deinen Magen beeindruckt gar nichts und ich meine wirklich gar nichts, denn was jetzt gleich kommt, ist zugegeben nicht besonders appetitlich. Ich will nur sichergehen, dass du mir später nicht vorwirfst, ich hätte dich nicht vorgewarnt.

Also gut, weiter im Text und noch ist ja alles gut. Wie gesagt: Es war ein schöner, wolkenfreier, heißer Tag. Der See lag still unter der brütenden Mittagshitze. Und wir – wir waren eine Handvoll junger Menschen, die laut lachten und ihre Köpfe dabei in den Nacken warfen, sich zuprosteten, »Auf uns!« riefen, Champagner tranken und zu dem Zeitpunkt definitiv nicht ahnten, was gleich passieren würde. Es war fast wie in einem Horrorfilm. Diese extreme Ausgelassenheit, pure Lebensfreude festgehalten in Slow Motion, ein paar Sekunden bevor das große Unglück passiert.

Wir waren im Wasser und ich hatte den glorreichen Einfall, ein Seil ans Boot zu hängen und uns auf einem dieser riesigen schwarzen Schwimmreifen, die wir dabeihatten, nachziehen zu lassen. Vor meinem geistigen Auge hatten wir sehr viel Spaß dabei, so über das Wasser zu pfeifen. Wir haben das Tau befestigt, sind aber nicht gleich losgefahren, sondern wollten noch ein bisschen schwimmen.

Als ich mich auf dem Rücken durch den See treiben ließ, sah ich, dass das Seil, das wir vorhin angebunden hatten, langsam unter das Boot kroch. Hoppla, dachte ich mir in dem Moment, nicht dass es sich verfängt, sich um die Schraube wickelt, den Motor durchbrennen lässt und wir uns samt Boot abschleppen lassen müssen. Ja, manchmal habe ich eine ausgeprägte Fantasie. Das wäre jedenfalls semi-optimal gewesen. Also fummelte ich blind im Wasser umher, das so trüb war, dass ich nichts sehen konnte, und versuchte, das Seil zu ertasten, bevor es mein imaginäres Worst-Case-Szenario auslösen konnte.

Und dann: Innerhalb weniger Sekunden verwandelte sich dieses »Wir feiern das Leben«-Szenario in eine Wahnsinnshölle. Und im silbergrauen See zeichnete sich zügig eine rote Lache ab. Blut. Nicht diese Ketchup-Schokoladensoße-Filmblut-Geschichte. Echtes Blut. Viel echtes Blut. Gerade war noch jeder fröhlich und gut drauf, dann ein Schrei, der das ganze Burgenland erschütterte, und im nächsten Augenblick sind alle vollkommen ausgezuckt. Meine Hand hatte sich im Seil verheddert und frag mich bitte nicht, wie genau es passiert ist, aber als ich sie wieder aus dem Wasser gezogen habe, hing mein linker Zeigefinger zerfleischt an mir herunter.

Im Schock sind wir, alle weiß im Gesicht, zurück in den Hafen gejagt, ich brav mit hochgestrecktem Finger. Nadine, eine Freundin, die dabei war, erzählt mir heute noch, dass sie die Bilder meines zerfetzten Fingers nicht mehr aus dem Kopf bekommt. Sie hat bei der Rückfahrt die ganze Zeit hingestarrt und diese Eindrücke dürften sich ziemlich bleibend in ihr Hirn gebrannt haben. Liebe Nadine, wenn du das hier liest: Es tut mir ungeheuerlich leid, dass ich dir anscheinend ein lebenslanges Trauma beschert habe. Aber selbst schuld. Haha.

Sogar die Sanitäterin ist im ersten Moment bleich geworden, als sie gesehen hat, dass mein Finger einfach nur noch an ein bisschen Haut hing. Ekelhaft, ich weiß. »Keine Sorge, ich habe alles im Griff«, habe ich tapfer gesagt, um sie zu beruhigen und bin allein aus dem Boot heraus- und in den Rettungswagen hineingeklettert, während alle anderen hoffnungslos überfordert waren mit der Situation und aufgeregt durch die Gegend liefen. Das ist menschlich, da mache ich keinem einen Vorwurf.

Was man allerdings trotzdem nicht tun sollte: Auch wenn man sich als Chirurg vielleicht ein bisschen gestresst oder überfordert fühlt, verwendet man vor dem Patienten bitte nicht die Worte »scheiße« und »oje«.

Ich konnte bei der Notoperation nämlich keine Vollnarkose bekommen, da hätte man ja nüchtern sein müssen, was ich nicht war. Und deshalb wurde nur mein Arm betäubt. Heißt konkret: Ich habe sehr wohl mitbekommen, was die Ärzte während des Eingriffs gesprochen haben. Und nein, man sagt auch nicht:»Das wird nichts mehr.«

Wurde dann übrigens doch wieder was. Mein Finger hat überlebt und das an mir. Er ist steif, aber passt optisch immerhin wieder zu meinem Körper. Das hat Veith geschafft, derjenige, dem ich die Röntgenbilder von meinem kaputten Knöchel geschickt habe. Weißt du noch? Ihn habe ich irgendwann nach dem Bootsunfall in der Bar Italia über gemeinsame Freunde kennengelernt und ihm zwischen Gin Tonic und Sprudel von meinem kaputten Finger erzählt.

»Da schau«, habe ich gesagt und bin ihm mit meinem damals noch ziemlich deformierten Zeigefinger vor dem Gesicht herumgefahren.

»Das kriegen wir wieder hin«, hat er mir optimistisch zugenickt,»Komm am besten gleich am Montag zu mir ins Krankenhaus.«

»Cool, danke, mach ich!«, sagte ich und prostete ihm dankbar und zuversichtlich zu. Und wieder hat mir ein verletzter Körperteil einen Freund fürs Leben beschert.

Sache Nummer drei: Meine Brust.

Eine Frau stand im Lift und wog in ihren Armen vorsichtig ihr frisches Superglück hin und her. Es war ein Hauch von Baby, so klein war dieses Scheißerchen, das seine noch runzeligen Fingerchen von sich streckte. Es war sicher nicht älter als einen Tag, maximal zwei. Die Frau hatte diesen ganz speziellen, unendlichen Hormon-Glücksglanz, der sie umgab, obwohl sie von der Geburt bestimmt ziemlich mitgenommen war. Aber dieses weiße, weiche Strahlen, das sie umhüllte, ließ die Strapazen der Geburt und alle anderen, die das Leben so mit sich bringt, in ihrer Gegenwart verblassen.

Und daneben stand ich – mit Glatze und Tropf. Ich fühlte mich schlecht. Elend. Wegen der Medikamente, aber auch, weil ich im Moment all das verkörperte, was eine Mutter in einem der schönsten Momente ihres Lebens bestimmt nicht sehen wollte: Angst, Schmerz und Dunkelheit. Ein zwei Quadratmeter kleiner Lift, nicht mal ein Krankenbett passt hier rein, und trotzdem war hier alles, was das Leben und die Welt ausmacht. Neues Leben und Tod vereint. Anfang und Ende. Ein ganzer Lebenszyklus in einer winzigen Box, die, an ein paar Seilen befestigt, beständig auf und ab fuhr.

Ich blickte sie an, sie blickte mich an und empfand vermutlich ein ähnlich schlechtes Gewissen wie ich. Ihre Unbeschwertheit und mein Leid passten in dem Moment alles andere als zusammen. Keiner von uns beiden sagte etwas. Betretenes, betroffenes Schweigen, bis die Tür wieder aufging und ich mit meinem Tropf in den Gang hinausrollte.

Brustkrebs. Anfangs war's bloß ein inaktiver Lymphknoten, zumindest laut dem Arzt, den ich aufgesucht hatte, nachdem mir ein kleiner Knödel zwischen Achsel und Brust aufgefallen war. Acht Millimeter in etwa. »Sieht doof aus, man muss ihn aber nicht wegmachen«, meinte er, »außer es stört Sie.« Tat es, weil der Knödel zunehmend größer wurde und irgendwann eine Größe von vier Zentimetern erreicht hatte. Und es war kurz vorm Sommer und ja... Man ist halt ein bisschen eitel. Was mir schlussendlich das Leben gerettet hat.

Ich rief Veith, meinen Retter in jeder medizinischen Not, an: »Hey, du, ich habe da etwas Unschönes in der Achsel und weil ja die Bikini-Saison bald startet – könntest du mir das bitte rausschneiden?«

»Machen wir«, sagte er. Kurz darauf war klar, dass es gar kein inaktiver Lymphknoten, sondern ein bösartiger Tumor war. Das habe ich bei Alex zuhause erfahren. Veith hatte eine Susi-Hilfsintervention organisiert. Markus war auch da. Ich bin ihm bis heute dankbar dafür, dass er mir dieses »Ich sitz dir als Arzt gegenüber und schieß dir die Diagnose über den großen, weißen, sterilen Schreibtisch rüber«-Gespräch erspart hat. Ich habe das im Krankenhaus immer wieder erlebt. Ich habe Menschen gesehen, die aus dem Arztzimmer raus sind, mit einem Krebs-Blick im Gesicht. Es ist nicht so, dass es mir nicht den Boden unter den Füßen weggezogen hätte, aber es hat alles zumindest ein bisschen leichter gemacht.

Ich erinnere mich noch: Ich bin rauf ins Esszimmer, wo Alex eine italienische Jause vorbereitet hatte. Die drei haben mich total bedrückt angeschaut, als ich ins Zimmer kam.

»Leute, was ist los?!«, fragte ich und merkte, dass meine Körpertemperatur als auch mein Puls auf ein Maximum anstiegen und ich innerlich immer unruhiger und hektischer wurde, weil ich merkte, dass da ganz groß etwas nicht stimmte und nicht nur der Wein, den meine Freunde vom Gardasee mitgebracht hatten, korkte, oder so.

»Susi, es tut mir leid, ich habe es ein paar Mal durchchecken lassen, aber... Es ist Krebs«, sagte Veith.

Seine Worte hallten in meinem Hirn nach. Krebs. Krebs. Krebs. Die Buchstaben knallten nacheinander gegen meine Schädeldecke. K – R – E – B – S. Dass ein einsilbiges, kurzes Wörtchen sich so unglaublich bedrohlich und beängstigend anhören konnte. Gut, es ist mit dem Tod nichts anderes. Stand mir der jetzt bevor?

Kurz darauf rannte ich wie ein hechelnder Hund um die Lavendelbüsche im Garten von Alex, verfolgt von allen möglichen Gedanken: Wie bitte!? Wie konnte das passieren? Sorry, aber das muss ein Missverständnis sein. Da muss ein Fehler passiert sein! Ich habe mir die Welt noch nicht fertig angeschaut. Ich habe so viel noch nicht gemacht. Ich weiß nicht mal, wie es in Südamerika ist. Das habe ich mir doch für viel später aufgehoben.

Und ich war bei weitem nicht oft genug meine Freunde in Australien besuchen. Und was ist mit dem Heiraten, na ja, und zuvor den Richtigen finden und Kinder kriegen... Krebs zu haben passt gerade gar nicht in meinen Plan. Sterben sowieso nicht. Das geht sich einfach nicht aus... Ich bin erst 35 Jahre alt! Sorry, das müssen wir leider verschieben!

Veith hat weitergeredet, ich weiß aber nicht mehr genau, was er gesagt hat. Ich habe zwar seine Stimme vernommen, doch mein Kopf war wie in einen überdimensionalen Wattebausch gepackt. Zwischendurch drangen immer wieder ein paar Wortfetzen zu mir durch. Dass ich es ganz gut erwischt hätte mit dem Brustkrebs. Dass es auch Lymphkrebs hätte sein können, was noch schlimmer gewesen wäre, direkt in der Blutbahn und so. Sie haben mir erklärt, dass sie schon alles organisiert hätten, jeder einzelne Arztbesuch würde bereits feststehen.

Und wo ich meinen Kalender hätte, sie würden gleich alle Termine eintragen. Ich müsste nichts machen. Außer hingehen, alles über mich ergehen lassen – und überleben.

Nach ein paar weiteren Untersuchungen war klar, dass ich ganz gute Heilungschancen hatte. Immerhin. Und ich habe beschlossen, mich innerlich hinzugeben. Sprich: Akzeptieren, was ist und alles daransetzen, dass es wieder gut wird. Ich bin nicht herumgelaufen und habe mir eingeredet, dass das alles vielleicht gar nicht so schlimm ist, wie es klingt – ich habe es hingenommen, und zwar in dem Ausmaß, in dem es nun einmal da war.

Und ich habe die Kontrolle abgegeben, weil mir klar war, dass ich super Ärzte hinter mir hatte, die einfach viel besser wussten, was jetzt für mich gut war. Ich sagte mir: Hey, Susi, du begibst dich jetzt auf eine Reise, während der ausnahmsweise nicht du bestimmst, wie und wo es langgeht, sondern du darauf vertraust, dass die anderen den Weg kennen. Das war eine wahre Herausforderung für einen Menschen wie mich, der so stolz auf sein gut funktionierendes Hirn ist und weiß, was für ein Potential er da oben sitzen hat. Aber auch einem alten, sturen Hund kann man neue Tricks beibringen. Und deshalb habe auch ich irgendwann begriffen, dass man manchmal loslassen muss. Und was ich für mich tun konnte, das tat ich natürlich: gesund essen, eine Stunde Bewegung pro Tag, solche Dinge eben.

Ein, zwei Wochen später wurde ich aufgeschnitten. Veith führte die OP durch. Ich war in der Präsidentensuite des Krankenhauses untergebracht. Bis zu diesem Zeitpunkt wusste ich nicht, dass es so etwas überhaupt gibt. Ich glaube, die ist da, falls dem saudi-arabischen Überprinzen und irgendeinem Ölscheich einmal etwas fehlen sollte, wenn sie in Wien sind.

Die Suite bestand jedenfalls aus einem riesigen Wohnzimmer mit Marmorboden, vier Mal so groß wie mein momentanes Zuhause. Da habe ich übrigens einen Teppichboden, keinen Marmor.

Es gab ein großzügiges Bad, ein großes Klo und all die Sachen, die man eigentlich nicht braucht, wenn man in ein Krankenhaus eincheckt, aber die definitiv nice to have sind: Couch, Besprechungstisch... Wenn ich davon erzähle, bin ich immer wieder versucht, »mein Hotelzimmer« zu sagen. Von Spitalsatmosphäre war da nicht viel zu spüren.

Nur dieses große, grüne Kreuz, das sie auf meiner rechten Brust aufgemalt hatten, erinnerte mich, warum ich eigentlich hier war. Und Veith, der nur ein paar Stunden vor dem Eingriff bei mir am Bettrand saß und mir eröffnete, dass ich später eventuell ohne Brust aufwachen könnte.

»Das sieht man erst beim Eingriff selbst, ob es notwendig ist, sie zu entfernen«, erklärte er mir. Ich sagte: »Wenn du das nicht machen willst, weil es dich zu sehr belastet, versteh' ich das.« Er hat den Kopf geschüttelt: »Ich will sichergehen, dass der Tumor auch wirklich weg ist. Deshalb operiere ich dich!« Tränen der Rührung. Und später Tränen der Dankbarkeit. Meine Möpse blieben nämlich dran.

Sache Nummer vier: Mein verschwundener Ex.

Was dafür ziemlich bald mal weg war: mein damaliger Freund. Ich kam nach meiner zweiten Chemo nach Hause und stellte fest: Meine Wohnung war eindeutig männerfrei. Seine Schuhe, seine Jacken, unsere Wii – alles hat gefehlt. Er auch. Ohne ein Wort zu sagen, ist er verschwunden. Nicht mal eine lächerliche »Mach's gut«-SMS hat er mir geschickt.

Ich weiß nicht mehr, warum wir gestritten hatten, aber wir hatten eben gestritten, wie das Paare manchmal so machen. Wegen Nichtigkeiten, die dann plötzlich zur Staatsaffäre mutieren. Zuerst geht es darum, dass er beim Einkaufen auf die Essiggurkerl vergessen hat. Dreißig Minuten später fallen Sätze wie »Nimmst du mich überhaupt irgendwie ernst?«, »Bedeute ich dir denn gar nichts!?« und »Ich mochte deine Mutter noch nie!« Klassiker.

Und ich habe zu ihm gesagt: »Ich kann das alles hier gerade nicht ändern und wenn es dir nicht passt, kannst du dich ja schleichen.« Aber dass er echt geht, vor allem, ohne ein einziges Wort zu sagen – nein, damit habe ich echt nicht gerechnet.

Ich war ihm nie böse, dass er mich verlassen hat. Das passiert in der Liebe ständig. Man findet sich und irgendwann findet man, dass es nicht mehr passt. Und das mit uns hätte ohnehin nie wirklich Zukunft gehabt. Er hatte vor, ins Ausland zu ziehen, weil er dort beruflich bessere Chancen hatte. Und für mich war klar, dass ich hier in Wien bleiben würde, die Stadt, in der ich alles habe, was mir wichtig ist: Meine Freunde, meine Wurzeln und meine Arbeit, die gemeinsam mit meiner besten Freundin so viel Spaß macht, dass es sich nicht nach Arbeit anfühlt.

Darüber hatten wir schon vor meiner Diagnose gesprochen. Was so etwas betrifft, muss man einfach ehrlich zueinander sein. Die Alternative wäre nämlich, sich etwas vorzumachen. Und das geht nie gut. Denn irgendwann kommt der Moment, wo man den Tatsachen ins Auge schauen muss und dieser Moment ist in der Regel unangenehmer, als wenn man es gleich hinter sich gebracht hätte, dann ist meistens alles schon viel verworrener und komplizierter und mühsamer – und überhaupt. Das verhält sich ähnlich wie Buchhaltung und Küche putzen, das sollte man auch nicht zu lange aufschieben. Ums Schlussmachen per se ging es also gar nicht, sondern um das Wie.

Was ich auch nicht wusste: dass Herzschmerz auch wirklich existiert. Das ist nicht bloß ein Wort. Das alles hatte mich so verletzt, dass ich extreme Herzrhythmusstörungen bekommen habe und jeden zweiten Tag zur Kontrolle ins Spital musste. Zur Kontrolle meines verletzten Herzens. Das ist dann schon einer dieser Momente, wo du wirklich strebsam nach vorne blicken musst im Leben, um nicht noch mehr einzuknicken.

Sache Nummer fünf: Die Kinder, die ich nie haben würde

Neben dem Brustkrebs und dem Ex, der untergetaucht war, gab es dann noch eine weitere Sache, mit der ich mich auseinandersetzen musste: Die Tatsache, dass ich nie Mutter werden würde. Meine Haare waren weg, mit Müh und Not konnten sie meine Brüste retten und dann stand ich plötzlich ohne Aussicht und Chance auf eine eigene Familie da.

Der diesbezügliche, recht knackige Dialog zwischen dem Arzt und mir lief in etwa so ab:

Arzt: »Frau Safer, Sie haben schon Kinder, oder?«

Ich: »Nein.«

Arzt: »Oh.«

Ich: »Oh?«

Arzt: »Das wird dann sehr wahrscheinlich nichts mehr…«

Denn dahinter stand eine einfache Rechnung: Mein Alter plus sieben Jahre nicht schwanger werden dürfen. In der Zeit wäre das Risiko nämlich zu hoch, dass die Schwangerschaftshormone den Krebs quasi aufwecken und ihn dazu animieren könnten, wieder loszulegen. Oder wie es mein Onkologe formulierte: »Das käme

Selbstmord gleich.« Also: 35 + 7 = 42, schwierig bis unmöglich, in dem Alter und mit der Krankheitsgeschichte noch schwanger werden zu können. Yippie.

Im Moment, als mir der Arzt das verkündet hatte, wollte ich aber nicht ausgiebig darüber nachdenken. Da war ich noch viel zu beschäftigt damit, überhaupt erst einmal die ganze Sache mit dem Krebs irgendwie zu verarbeiten. So viel anderes ist in so einem Fall so viel wichtiger, dass du dafür auch keinen Extra-Termin bekommst. Das passiert nebenbei am Spitalsbett, während sie dir gerade irgendeine Spritze reinjagen. Das mit dem »Hey, Sie können sehr wahrscheinlich keine Kinder kriegen« war zu dem Zeitpunkt so etwas wie ein Luxusproblem für Krebskranke. Darüber stand nämlich ziemlich fett ein »Schauen wir mal, dass das mit dem Gesundwerden auch echt was wird«.

Und dieser Prozess ist mit so viel Aufregung verbunden. Da sind so viele erste Male, die man während der Krankheit erlebt.

Eigentlich bin ich ja ein großer Fan von Premieren jeglicher Art. Wir sollten viel mehr erste Male erleben, denn sie tragen etwas so Lebendiges in sich. Der erste Kuss, bei dem man draufkommt, dass überhaupt keine Hexerei dahinter ist, das erste Mal Gehalt bekommen aufs eigene Konto, das erste Mal in New York landen und zwischen den Wolkenkratzern stehen.

Da ist diese Mischung aus Neugier, Anspannung und diesem geilen Stress, der wie kleine Stromstöße durch den Körper fährt. Außer man ist zum ersten Mal auf einer Tupperware-Party. Dort ist man einfach anwesend und fragt sich maximal, warum man zugesagt hat, kauft anstandshalber eine Salatschleuder und schwört sich, dass man sich das nie wieder antun wird.

Auch die Krebs-Premieren sind ähnlich frei von jedem Zauber. Ich denke an meine erste Chemo. Sie setzen dir die Nadel, stecken dir einen durchsichtigen Schlauch an, fragen dich, ob du bereit bist. Das ist lieb gemeint, aber wie bereit kann man schon sein, sich pures Gift durch den Körper jagen zu lassen? Du nickst. Was sollst du denn sonst machen?

Irgendwie bist du auch froh, dass es diese Art von Therapie überhaupt gibt, weil sie dir helfen wird. Wenn du Glück hast. Sie drücken auf Start und du beobachtest, wie diese rote Flüssigkeit den Schlauch entlangfließt und in deinem Körper verschwindet.

Und du weißt: Jetzt geht es so richtig los mit dem ganzen Scheiß. Übelkeit, Erbrechen, Durchfall, Schweißanfälle, Haarausfall. All die furchtbaren Sachen, die man aus Erzählungen kennt und aus den vielen Krebs-Filmen. Und Sachen, mit denen man nie im Leben gerechnet hätte. Zum Beispiel hatte ich einen Pilz, der sich von der Zunge bis runter in die Speiseröhre und in den Brustraum verbreitete. Unappetitlich. Unangenehm. Schrecklich.

Mir ging es richtig elend. Trotz Psychologin, Physiotherapeutin und Kortisonspritzen – die heilige Krankenhausdreifaltigkeit, die einem die Nebenwirkungen erleichtern soll. Ich habe mir zwischendurch sogar meine Waxing-Lady ins Spital geholt, um mir die Beine enthaaren zu lassen, damit zumindest der Eindruck von Wohlbefinden entstehen konnte. Das war ganz am Anfang, denn irgendwann gehen dir durch die Chemo ohnehin alle Haare aus. Mücken stechen einen übrigens auch nicht mehr. Kein Nachteil ohne Vorteil.

Irgendwann ist es das letzte Mal und du hast es überstanden. Sechs Chemo-Schleifen später war es bei mir soweit. »Frau Safer, Sie haben es geschafft«, lauteten die erlösenden Worte, die aber gar nicht so erlösend waren. Es kam nach einer kurzen Behandlungspause nämlich auch noch Bestrahlung dazu. Täglich sehr früh, viel zu früh. Ich glaube, sechs Wochen lang. Da verbrennen sie dir quasi den Krebs, aber halt auch deine Haut, deine Brust und ein bisschen was von deiner Lunge. Hach, hach.

Und dann schleppst du auch noch den Krebs-Koffer gefühlt ewig mit dir herum. Am Anfang musst du nämlich jedes Vierteljahr zur Untersuchung. Dann jedes halbe Jahr. Jedes Mal betrittst du wieder dieses Krankenhaus. Und jedes Mal kommt diese ganze Gefühlswelt wieder in dir hoch. Aber: Ich hatte den Krebs besiegt. An der Sache mit dem Kinderkriegen oder eben Nicht-Kinderkriegen hat es nichts geändert.

Das war elend. Das war hart. Das war so etwas von beschissen. »Beruhig' dich, Susi«, hat ein Freund tröstend auf mich eingeredet, »man kann da was machen. Und zwar...« Dann sprach er von einer Spezialklinik in Innsbruck, wo Ärzte dir Teile der Eierstöcke herausschneiden und einfrieren. Sobald es medizinisch unbedenklich ist, pflanzen sie dir die Ovarien wieder ein. Kryokonservierung nennt sich das in der Fachsprache.

Für mich war das in dem Moment allerdings kein Hoffnungsschimmer, sondern nur ein Unterstreichen meiner beschissenen Lage. Krebs zu haben ist das eine. Du findest: Okay, die Krankheit habe ich jetzt halt. Damit kann ich mich mehr oder weniger abfinden. Das ist scheiße, sehr, sehr scheiße, aber ich bin bereit, zu kämpfen, zu beißen, diese Zeit irgendwie durchzustehen. Du sitzt da mit Glatze und Augenringen, bist schwach vom Kotzen und von den ganzen Umständen, aber du bist gewillt, durchzuhalten und den ganzen Anstrengungen standzuhalten. Und dann kommt da jemand und knallt dir zusätzlich zu diesem ganzen Dreck eine Tatsache hin, die dein Leben aber komplett betrifft und verändert. Du wirst aber nicht mal im Ansatz dazu befragt, wie du das siehst und wie du das vielleicht gerne hättest.

Vor allem war es für mich – zumindest bis zu diesem Zeitpunkt – ja logisch, dass ich irgendwann mal Kinder haben würde. Das war ein fixer Programmpunkt in meinem Leben. Wie du dir das mit 16 oder 18 eben so vorstellst. Eine andere Unterschrift üben für die Hochzeit. Ach, wenn ich daran denke, wessen Namen ich damals mit Nora seitenweise aufgeschrieben habe. Leider hörst du mein lautes Lachen gerade nicht. Ein Kind kriegen. Vielleicht noch eins. Und an dieser Vorstellung hat sich auch Jahre später nicht wirklich was verändert.

Klar, es gibt Lebensphasen, da ist das mit der Familiengründung nicht vorrangig und man verschiebt es auf später, auf einen Zeitpunkt, wo man schon ein bisschen ruhiger wird, mehr bei sich und bereit ist, sich langfristig niederzulassen. Ich nehme an, dieser Zeitpunkt wäre in den nächsten Jahren gekommen. Jetzt, wo in unserem Freundeskreis die ersten anfingen, Nester zu bauen und alle anderen anfingen, mitzukriegen, was für ein großes Glück es war, Kinder zu haben. Inklusive mir. Alle würden nachziehen. Exklusive mir.

Richtig bewusst wurde es mir, als ich zum ersten Mal Lola, die Tochter meiner besten Freundin Nora, in den Armen hielt. Es war bei einem Abendessen bei ihr und ihrem Mann Marcus, ein lauer Sommerabend.

Wir saßen auf der Terrasse ihrer Wohnung im zweiten Bezirk mit Blick über Wien. Und ja, das ist so schon unglaublich bewegend und schön, wenn du im Sommer auf die glitzernden Lichter der Stadt schaust und warmer Wind um deine Nase zieht. Du machst die Augen zu und konservierst den Moment in dir.

Das ist so großartig wie der glitzernde Schnee im Winter. Tausend kleine Diamanten, die dir dein Leben erleuchten. Fehlt nur noch die kitschig-romantische Hintergrundmusik. Und genau da überkam es mich dann halt doch. Da war ich gerade mitten im Chemo-Marathon. »Wie scheiße ist das denn alles?!«, dachte ich mir, als ich das unfassbar niedliche Baby schaukelte und es mir fröhlich entgegengluckste.

Warum man nicht alles hinterfragen darf

Man wird verlassen, man wird angelogen, betrogen, man verliert seinen Job, man verliert Menschen, die einem wichtig sind, man hat Geldprobleme, man wird bestohlen, man wird krank oder wird kurz vorm Ziel beim Marathon von dem, der den ganzen Lauf über hinter einem war, überholt und rutscht auf der Ergebnisliste einen Platz nach hinten – die Liste an Scheißdingen, die einem im Leben passieren können, ist lang. Tatsache.

Tatsache ist auch: Jedem passiert mal etwas Blödes oder Böses. Und wenn es nichts von den oben genannten Dingen ist, dann lässt man eben in seiner neuen Küche eine Flasche Kernöl fallen und sieht und riecht die Flecken nach dreimaligem Ausmalen noch immer. Fakt ist: Es gibt einfach keinen Menschen da draußen auf dieser großen, weiten Welt, der im Laufe seines Lebens nicht mindestens einmal »Wie scheiße ist das denn!« rufen wird. Merda, shit – oder irgendwas mit Hintern in seiner jeweiligen Muttersprache.

Und bei manchen Menschen häuft sich das auffällig oft. Bei Menschen wie mir zum Beispiel. Wie du jetzt schon weißt, habe ich mir meinen Schädel gespalten, fast meinen Finger verloren, mir auch sonst so gut wie jeden Knochen meines Körpers gebrochen, der im Übrigen, seit ich mich erinnern kann, nie frei von blauen Flecken war, hatte Brustkrebs, mein Freund hatte mich in einer der schwierigsten Zeiten meines Lebens wortlos verlassen, ich habe erfahren, dass ich nie Kinder haben werde.

Als endlich, endlich alles wieder ein bisschen aufwärts ging, habe ich mir den Knöchel gebrochen. Genau dann, als ich das letzte bisschen Kraft, das noch da war, gebündelt hatte, aufgestanden bin, bereit zum Weitermachen, hat mir das Schicksal wieder eine mitgegeben. Volle Breitseite.

Die Frage, die sich stellt: Warum ist das so? Wieso passiert einem das?

Karma? Vielleicht ist das Ganze ja eine Art Strafe für irgendwas. Ja, zugegeben, ich habe in einem superfeinen Hotel mal ein edles Handtuch mitgehen lassen, mit kleinen Stickereien darauf, wobei ich bis heute nicht weiß, wozu eigentlich. Komplett unnötig.

Ich war sogar schon kurz davor, es wieder zurückzusenden, weil es bei mir im Bad unbenutzt herumgelegen ist. Aber gut, das macht jeder irgendwann mal im Laufe seines Lebens, oder? Du hast bestimmt auch schon mal einen Aschenbecher beim Fortgehen in die Tasche fallen lassen. Oder du hast beim Tanzen einen mit dem Ellbogen vom Tisch gefegt. Das ist dann quasi dasselbe, weg ist weg. Ich bin jedenfalls kein böser Mensch.

»Möglicherweise warst du in einem früheren Leben Napoleon oder sonst jemand Schlimmes?«, hat eine Freundin mal versucht, zu erklären, warum gerade mir so viele blöde Dinge widerfahren, die für ein Leben und 650 weitere reichen. Da müsste ich an Reinkarnation glauben, was ich nicht tue und wodurch sich diese Theorie gleich mal wieder verwerfen lässt.

Und ich will auch gar nicht daran glauben. Denn, wäre ich wirklich Napoleon gewesen, würde bestimmt noch einiges an üblem Schicksal auf mich warten.

Mindset? Daran kann es auch nicht liegen. Es heißt ja immer: Gute Gedanken ziehen Gutes an, schlechte dementsprechend Schlechtes. Hat sicher etwas für sich. Dazu gibt es mittlerweile ja auch schon unzählige Studien, Forschungen, Bücher und Sprüche auf Türmatten dazu. »Susi, vielleicht denkst du zu negativ?«, das hat noch nie jemand zu mir gesagt. Wieso nicht? Weil es nicht stimmt.

Nehmen wir die Chemotherapie her. Was würdest du machen, wenn dir all deine Haare ausgehen? Überall. Und eben auch am Kopf. Es macht Männer mit Mitte sechzig verrückt, wenn sie eine Glatze bekommen. Wie soll es dann einer Frau mit Mitte dreißig gehen, wenn ihr ihre üppigen, blonden, schönen Locken ausfallen wie die Blätter einer Magnolie im Herbststurm? Natürlich war es auch hart für mich, zu sehen, wie meine Haare büschelweise ausgefallen sind, aber was hilft es? Ich hätte noch so viel jammern können – meine Frisur wäre deshalb nicht aus dem Mülleimer zurück auf meinen Kopf gesprungen.

Anstatt in Selbstmitleid zu versinken, habe ich mir damals kurzzeitig krankenhausfrei genommen, bin auf Revers zusammen mit meiner Freundin Doris für ein paar Stunden raus. Ich ging mit Augen, die schmale Schlitze waren, kalkweiß im Gesicht und mit kahlem Schädel in das Paradies der Perückenhändler, den schönsten Haarteil-Laden der Stadt, und suchte mir einen dieser geilen, revolutionären Haarschnitte aus, die Vidal Sassoon in den 60er-Jahren großgemacht hat. In drei Farben.

Mit Locken aufzuwachsen ist nämlich so eine Sache. Das lernt man erst mit zwanzig plus schätzen, wenn du lange Partynächte hinter dir hast, andere waschen, föhnen und stylen müssen und du fährst dir nur kurz durchs Haar, zupfst es ein bisschen hoch und weiter geht's.

Zu Schulzeiten war das noch ganz anders, da habe ich alle beneidet, wenn sie sich nach dem Turnen stundenlang ihr Haar gebürstet haben. Hast du schon mal gelocktes Haar gebürstet gesehen? Ja? Na, dann verstehst du auch, warum das für mich nicht möglich war.

De facto habe ich bis zum Krebs nie eine Haarbürste besessen. Wie du einmal mehr siehst: Kein Nachteil ohne Vorteil. Wodurch wir zusammenfassen können: Mein Mindset ist nicht daran schuld, dass ich durch einen Scheiß nach dem anderen durchtauchen musste. Ich bin ein bis in die Zehenspitzen optimistischer Mensch und trotzdem erwische ich immer wieder die Dinge, die keiner braucht oder haben will.

Möglicherweise bin ich eine Auserwählte! Das könnte es sein. Die, der sie kein Krönchen aufsetzen, aber die, die dazu bestimmt ist, mehr Blödsinn als andere durchzustehen. Vielleicht halte ich Dinge einfach besser aus als andere, leide leichter und bin deshalb öfter Zielscheibe von Schicksalsschlägen. Jede achte Frau zum Beispiel erwischt laut Statistik hier in Österreich Brustkrebs. Wenn man so will, haben sich sieben Frauen durch mich das quasi erspart. Vielleicht bleibt durch meinen Scheiß bei anderen Leuten, vor allem in meinem engsten Freundeskreis, das Elend weg.

Ich zahle ein, damit es sich für ein paar andere auszahlt. Und jetzt bin ich scheinbar damit beauftragt, anderen zu zeigen, dass man auch mit einem kaputten Knöchel gut durchs Leben gehen kann. Streiche »gut«. Ergänze: Mit Gips, Krücken und Schmerzen. Aber bitte: Man kommt voran. Langsamer als sonst, aber es geht weiter. Das mit dem Auserwähltsein ist zumindest ein aufbauender, netter Ansatz…

Aber ganz ehrlich – ich weiß es einfach nicht, warum manchen Leuten mehr Blödes widerfährt als anderen. Man kann das alles in hundert verschiedene Richtungen denken und du kommst immer wieder an den Punkt, wo du glaubst:»Ah, jetzt hab ich's! Jetzt weiß ich, wie das System dahinter funktioniert. Ich habe das Leben endlich durchschaut.« Und dann passiert irgendetwas, das deine gerade noch ziemlich logisch wirkende Logik komplett durcheinanderwürfelt. Manchmal reicht es dafür schon, wenn du das Ganze nur zwei Minischritte weiterdenkst und draufkommst, dass du diesen Erklärungsversuch kübeln kannst, weil es zig Ausnahmen gibt, oder Widersprüche, oder sonst was.

Vielleicht geht es auch gar nicht darum, warum einem gewisse Herausforderungen widerfahren, sondern darum, wie man mit ihnen umgeht, wie man mit ihnen fertigwird und was man daraus macht. Ob mit zehn Fingern oder neun, ob mit gebrochenem Herzen oder sonst einem blöden Aua. Egal wie blöd die Dinge sind – man muss das Beste aus ihnen machen.

Wenn man es nämlich nicht tut, sind die Scheißdinge noch immer da. Und es macht sie zumindest ein bisschen weniger bedrohlich, wenn man sich über sie lustig macht und sie nicht allzu ernst nimmt. Deshalb: Vollgas Blödsinn machen und die dümmsten Witze reißen, die einem einfallen. Lachen, lachen, lachen bis der Bauch wehtut oder man sich fast anpinkelt. Lachen macht alles besser.

Lachyoga beweist das ja auch. Da sitzt du im Schneidersitz auf einer dünnen Matte in einem Raum, umhüllt von Räucherstäbchendunst und die Tante vor dir sagt, du sollst lachen und du denkst dir vielleicht: »Warum? Ich habe momentan nichts zum Lachen im Leben. Und wieso habe ich mich für diesen Blödsinn überhaupt angemeldet?«

Die anderen neben dir ziehen währenddessen ihre Mundwinkel aber brav nach oben, machen hihihi und hehehe, und du machst dann schließlich auch mit, wenn auch anfangs noch ein bisschen widerwillig, immerhin kostet der Kurs ja auch etwas und in Wahrheit hättest du dich nicht eingeschrieben, wenn du gar nichts davon halten würdest.

Also, ich halte ja sowieso viel davon. Mich würdest du da nie widerwillig erleben, weil ich weiß, dass das Lachen Dopamin ausschüttet, das glücklich macht und lustvolle und gute Zustände auslöst. Stresshormone werden abgebaut und der Kreislauf wird angekurbelt, das Immunsystem arbeitet besser – alles bewiesen.

Und der beste Beweis bist du selbst. Probier's aus. Jetzt gleich! Komm! Lach einfach. Hahaha! Es muss nicht mal ehrlich oder besonders herzlich sein. Denn das Verrückteste daran ist: Unser Kopf kann nicht zwischen echtem und falschem Lachen unterscheiden. Hauptsache, die Mundwinkel ziehen nach oben. Das suggeriert gute Laune und schon geht es los mit dem positiven Hormoncocktail, den das Hirn dann wie ein besonders guter Gastgeber gleich durch unsere Blutbahnen schießt. Geil. Da kommen also auch humorlose und spaßbefreite Menschen zu was.

Also los: Hahahaha! Oder lächle zumindest. Sechzig Sekunden am Stück. Du wirst sehen, du fühlst dich gleich mal besser. Ich verspreche dir das. Das klappt auch im Alltag super. Vor anstrengenden Gesprächen, Meetings oder anderen lästigen Terminen. Sperr dich davor am Klo ein und grinse am stillen Örtchen eine Minute lang vor dich hin. Ja, schaut bescheuert aus, aber erstens sieht dich eh niemand und zweitens ist es echt wirksam. Oder du probierst es mit gutem Sex. Ha, also doch Lachen, hm? Ist einfacher! Und, ein Lächeln im Gesicht zu tragen hat im Übrigen auch den wahnsinnig netten Nebeneffekt, dass dir andere Leute entgegenlächeln. Winwin also.

Wieso du einmal Durchfall in Indien haben solltest

Manchmal fragen mich Menschen, was ich durch meinen Krebs gelernt habe. Ich weiß nicht, ob mich diese Krankheit tatsächlich groß verändert hat. Ich glaube, ich habe diese Kehrtwende, auf die alle mit ihrer Frage abzielen, viel früher erlebt. Die hat sich bei mir in der einen Nacht im Café Jenseits ereignet. Da ist dieser großartige Aha-Lebensveränderungs-Moment über mich gekommen und hat mich erleuchtet, wenn du so willst. Wir waren alle jung, unbeschwert und leicht im Kopf. Und meinen Schädel hat es an der Gehsteigkante zerberstet, du erinnerst dich.

Durch diesen Unfall ist mir zum ersten Mal bewusst geworden, wie schön das Leben eigentlich ist, wie großartig und vielfältig es sich gestaltet und dass wir eben nur dieses eine haben. Im Schnitt sind es tausend Minuten pro Tag, die wir aktiv nutzen können. Und überlege mal, wie schnell so eine Minute vorbei ist. Es sei denn, du musst gerade irrsinnig aufs Klo und musst noch kurz zusammenhalten. Da kann sich eine Minute wie Kaugummi in die Länge ziehen.

Aber mit einer ruhigen Blase sind sechzig Sekunden nichts. Sechzig Sekunden, die schwupps von deinem

Lebenskonto abgezogen werden und nie, nie wiederkommen.

Und jetzt überlege dir einmal, was wir mit unserer kostbaren Zeit oft machen: An der Straßenkreuzung schimpfen, wenn der vor uns nicht schnell genug losfährt, uns ärgern, wenn das Internet ausfällt, unzufrieden sein mit einer sportlichen Leistung, obwohl es nur ein Hobby ist und in erster Linie Spaß machen soll und viel zu viel und viel zu oft in das blöde Handy schauen – das habe ich mir leider auch angewöhnt.

Affig eigentlich. Und ja, schwer, das alles abzulegen. Weil es eben so etwas wie Alltag gibt, in dem wir teilweise ziemlich intensiv drinhängen: Man muss seine Unterhosen waschen, muss sich an Deadlines halten, weil man sonst die Rechnungen, die man zahlen muss, nicht zahlen kann.

Trotzdem: Wir sollten uns so wenig wie möglich beschweren, so wenig wie möglich jammern und schimpfen, uns das immer wieder ins Gedächtnis rufen und echt hart daran arbeiten. Denn, noch einmal: Wir haben nur dieses eine Leben und das gilt es bis zum Gehtnichtmehr auszukosten und auszureizen. Wir dürfen nicht vergessen, bei all den Verpflichtungen, Verantwortungen und Aufgaben regelmäßig aus dem Komfortzonendingsbums auszubrechen. Da draußen sind so viele Länder, so viele verschiedene Kulturen und Menschen, die es kennenzulernen und zu entdecken gilt. So viele Möglichkeiten, sein Leben zu gestalten, sich ständig neu zu erfinden, über sich selbst hinauszuwachsen.

Damals, als es mir den Kopf gepalten hat, ist mir klargeworden, dass ich genau das tun möchte: Dieses eine Leben bis zum Umfallen genießen! Ich wollte Begegnungen suchen, all die wunderbaren Dinge probieren, die es zu essen und zu trinken gibt und reisen, reisen, reisen. Nach Indien zum Beispiel.

Indien ist ein Land, das sollte man bereist haben, finde ich. Das ist so ein großes Ding, das muss man gesehen haben. Es hat unglaubliche 1,3 Milliarden Einwohner. Und dort hast du einen Schmelztiegel an Kultur, Geschichte und Religionen. Irre eigentlich, wenn du durchdenkst, was Indien alles ausmacht. Dann weißt du auch, wie ich darauf kam, dass wir uns das anschauen mussten.

Meine beste Freundin Nora und ich waren vier Wochen lang unterwegs. Oder waren es drei? Es war jedenfalls lange genug, um ein bisschen etwas zu sehen und ein Gefühl für das Land zu bekommen. Wir sind mit Rucksäcken gereist, wollten was von dem echten Indien erleben, wobei es eh das harmlosere, touristischere Indien war, das wir gesehen haben. Echt echt – das ist hardcore. Wo Tote, Scheiße, Schmutz und Müll auf der Straße liegen. Absolut heftig, was sich dort abspielt. Aber wir wollten halt auch nicht nur diese prunkvollen Maharadscha-Paläste, Relais & Châteaux und Fünfsternehotels sehen, wo sie vor dir knien und dir Tee aus Silberkannen eingießen.

Deshalb haben wir uns auf so ein Backpacking-Mittelding eingelassen.

Wir waren zum Beispiel am berühmten Om-Strand. »Was, der ist das?«, haben wir gesagt, als wir angekommen sind und am Strand zig Kühe, die in Indien ja gefeiert werden wie Cristiano Ronaldo in Portugal, liegen gesehen haben. Geschlafen haben wir dafür in einem Schweinestall. Tatsache.

Da waren Kobeln, wie man sie vom Bauernhof kennt und einer davon wurde uns zugeteilt. Die weiß gekalkten Wände waren mit Blut und Scheiße beschmiert. Das war selbst uns zu viel. Wir haben beschlossen, dass wir hier nicht bleiben konnten und haben uns aufgemacht zur nächsten Location. Die sah um einiges besser aus. Zumindest auf den ersten Blick.

Im Bad saß eine riesige Kröte. Während ich splitterfasernackt unter der Dusche stand, hatte ich nur einen Gedanken: »Spring bloß nicht. Spring bloß nicht.« Die Kröte war so lange mein Problem, bis ich beim Ausspülen der Haare zufällig an die Decke schaute. Die war flächendeckend mit Spinnen voll. Mit schwarzen, riesigen Spinnen. Splitternackt ist das ein echtes Furchterlebnis und du denkst dir:»Atmen, atmen, vielleicht muss ich doch in den Schweinestall.«

Wir sind dann weiter durchs Land von Strand zu Strand getingelt, haben auf Brettern geschlafen, die uns als Betten verkauft wurden, ohne Matratze, ohne jeglichen Komfort. Und wenn es mal ein Leintuch gab, war das meistens so dreckig, dass wir es erst wieder abgezogen haben. »Schlafen« muss man unter Anführungszeichen setzen. Wir lagen da meist in unseren Fleece-Schlafsäcken in diesen grausigen Räumen und haben kaum ein Auge zugebracht.

Dafür haben wir endlos lange, tolle und lustige Gespräche geführt. Na ja, also bis zu dem Zeitpunkt, als sich Nora, ohne mir Bescheid zu sagen, jeden Abend Ohropax in die Ohren gesteckt hat, um zumindest kurzfristig Indien und seine Geräusche wegzuschalten. Ich habe noch ewig weitergequatscht, bis ich eines Tages während unserer Reise draufgekommen bin, dass sie mir ja gar nicht mehr zugehört hat...

An Weihnachten waren wir in Goa und haben in einer wirklich süßen, schönen Strohhütte genächtigt. Wir haben dort ein paar sympathische Engländer kennengelernt und beschlossen, gemeinsam zu feiern. Wir waren schon ein paar Tage in der Gegend und an Heiligabend überkam es mich. Ich dachte mir:»Heute ist der Tag, Susi! Alter Schwede, heute bist du mutig und trinkst ein Mango-Lassi.«

Für Indien ist das eigentlich nicht nur mutig, sondern in Wahrheit todesmutig. Normalerweise isst man dort nur *well-cooked meals* (frei nach dem Motto: Peel it, cook it or leave it!) und ein Mango-Lassi ist alles andere als das. Mir war bewusst, dass ich viel riskiere, ich habe aber gleichzeitig nicht großartig darüber nachgedacht. Es war in dem Moment alles so herrlich, wir haben uns mit den anderen Rucksacktouristen am Strand zum Sonnenuntergang getroffen und zu guter Musik getanzt. Ich habe mir mein Mango-Lassi bestellt, getrunken und jeden Schluck bis zum Gehtnichtmehr genossen.

Tja und dann hat es nicht lange gedauert, bis mein Magen sich angefühlt hat wie eine Zementkugel. Ich dachte mir noch »Huch, das wird jetzt aber spannend!« und schon ging es los: Ein Bauchkrampf, dass es der Sau graust und den ich bis in die Zehenspitzen gespürt habe.

»Nora, ich komme gleich«, rief ich und lief im Stechschritt hinüber zu unserem bunten, kleinen Bungalow. Es muss wirklich eine hübsche Szene gewesen sein. Ich trug ein leichtes, türkises Sommerkleidchen und meine blonden Locken wippten aufgeregt auf und ab. Mein Stechschritt wurde immer entschlossener.

Beim Bungalow angekommen riss ich die Eingangstür auf und rauschte ins Zimmer. Rechts vom Eingang war das Bad. Und manchmal entscheiden die Tausendstel. Beim Skifahren und beim Aufs-Klo-Rennen, wenn es wirklich, wirklich dringend ist. Und das war es bei mir. Mehr als dringend. Die Tür zum Bad war zu.

Ich riss sie auf, lief drei Schritte in den Raum, die Schüssel war in Sichtweite, nur ein paar Schritte entfernt und ich wusste: Hey, keine Chance! Das geht sich nicht mehr aus. Ganz schlau drückte ich meine Hand fest an meinen Popo und wollte den Drang zurückhalten. Dann schoss die Scheiße mit einer Kraft aus mir heraus wie aus einem dieser beleuchteten Springbrunnen in Las Vegas. Diese Riesenfontänen, die ganz plötzlich mit viel Licht und mit Wahnsinnsspeed einen Kilometer in die Höhe pfeffern. Nicht, dass ich es schon mal live gesehen habe, aber CSI Las Vegas kenne ich. Die Scheiße schoss meinen Rücken entlang, durch meine Haare durch hinauf an den Plafond aus Stroh.

Eine halbe Stunde später war ich wieder auf der Party. Frisch geduscht und angezogen war wieder alles gut, ich habe so getan, als wäre nichts passiert und habe mit den anderen Gästen weitergefeiert. Auf unserer weiteren Reise habe ich dann allerdings wohlweislich darauf verzichtet, mir noch einmal ein Mango-Lassi zu bestellen und habe mich mehr denn je an die Well-cooked-Meals-Regel gehalten. Man muss die Dinge schließlich nicht bis zur Gänze ausreizen... Wobei dieser Zwischenfall ja eh schon am oberen Limit kratzt.

Dieses erste Mango-Lassi würde ich aber auf jeden Fall immer wieder trinken, obwohl es fast schneller wieder draußen als drinnen war, und das mit viel, viel mehr Effekt. Warum? Weil der Moment mit so viel echtem Lebensgefühl verbunden war. Man muss Mut zum Abenteuer haben, in diesen schicken Fünfsternehotels kriegst du kaum was mit vom echten Leben und wenn du heimkommst, dann hast du vielleicht was zum Angeben, aber nichts zu erzählen. Und das ist eine Geschichte, ich trau mich wetten, die bringt auch noch die Enkelkinder der Enkelkinder zum Lachen. Shit happens.

Aber im Vergleich zu dem Leben, das die meisten dort in Indien führen, ist eine Scheißerei wirklich nichts. Auch etwas, das ich dort gelernt habe. Man wird demütig, wenn man durch arme Länder wie dieses reist, weil man einen Eindruck davon bekommt, wie die Welt da draußen oft funktioniert. Und man bekommt ein Gefühl dafür, wie gut es einen eigentlich selbst erwischt hat. Wie lächerlich und klein die meisten der eigenen Sorgen sind und was der Begriff *first world problems* wirklich heißt. Selbst wenn man bei uns krank wird – das System, das uns auffängt, ist großartig. In Indien bist du tot.

Das Leben ist scheiße. Ja, und?

Die Sache mit dem Mango-Lassi bringt mich auf eine ganz wesentliche Lektion, die ich gelernt habe: Radikale Akzeptanz. Entscheidungen, die man nun mal so und nicht anders getroffen hat, lassen sich nicht ändern. Außerdem: Es hilft ja nichts, man muss im Leben Entscheidungen treffen.

Wenn du es nämlich nicht machst, trifft das Leben welche für dich oder andere Menschen setzen dir was vor und das ist oft noch unbequemer als die Tatsache, sich selbst für das vermeintlich Falsche entschieden zu haben. Und wer sagt überhaupt, was falsch und was richtig ist? Darüber kann man sich Stunden, Tage, ein Leben lang Gedanken machen und wird nie auf eine eindeutige, wahrhaftige Antwort kommen. Weil irgendwie ja alles zusammenhängt und wenn du im Jahr neunzehnhundertirgendwas eine Sache nicht so gemacht hättest, wie du es getan hast, hättest du dir zwar eventuell ein paar miserable Momente erspart, aber auch auf viele tolle Augenblicke verzichten müssen. Ist nun einmal so. Man kann sich nicht eine Situation aus dem großen Ganzen rauspicken und sagen: Das war jetzt zu hundert Prozent schlecht! Licht und Schatten gehören unweigerlich zum Leben, gehören unweigerlich zusammen.

Abgesehen davon hat auch das Nicht-Handeln Konsequenzen. Also kommst du eh nicht drum herum, dich damit auseinanderzusetzen, was du gemacht oder eben nicht gemacht hast. Das Heute ist ein Resultat von deinem Gestern. Und wenn dir das Heute nicht zusagt, kannst du nur jetzt, in diesem Moment, eine neue Richtung einschlagen. Aber es nutzt nichts, das Vergangene zu zerlegen, Rechtfertigungen oder Gründe zu finden, warum was wie ist. Das raubt nur unnötig Energie und bewirkt rein gar nichts.

Was sich ebenfalls nicht ändern lässt, sind Dinge, die bereits passiert sind, Umstände, die halt so waren, wie sie waren – all das ist, wie es ist. Wenn sich die Eltern nie für einen interessiert haben, zum Beispiel. Oder man einen Song ablehnt, weil man glaubt, dass es der größte Scheiß ist und dann jemand anderer genau mit dem Lied eine unglaubliche Karriere hinlegt und Millionen scheffelt, während man selbst an einer Supermarktkassa jobbt. Dumm gelaufen, aber man kann die Vergangenheit nun mal nicht rückgängig machen. Die Erkenntnis tut im ersten Moment vielleicht weh, aber es geht einfach nicht. Und auch viele Dinge in der Gegenwart lassen sich nicht einfach ausschalten, mit einem Fingerschnips verwandeln oder wegmachen.

Problem: Der Mensch ist per se nicht darauf ausgerichtet, Dinge, die ihm nicht passen, zu akzeptieren. Wir vermeiden, verdrängen und torpedieren Unangenehmes, was das Zeug hält. Wir saufen, kiffen, keifen, schimpfen, springen aufgeregt wie Rumpelstilzchen durch die Gegend – Hauptsache, die böse, böse Realität holt uns nicht ein. Unglaublich anstrengend auf Dauer. Und selbstzerstörerisch.

Besser wäre es, nichts abzuwehren, nichts schönzureden, sondern die Dinge so zu nehmen, wie sie nun mal sind. Und sich damit abzufinden, dass einem im Leben nicht nur schöne, wunderbare und tolle Sachen widerfahren, sondern auch jeder mögliche andere Scheiß. Was aber auch nicht heißt, dass du diesen Scheiß zwanghaft gut finden musst. Du musst nicht barfuß durchs taufrische Gras hüpfen und rufen:»Mann, bin ich froh, dass ich mich gerade bis zum Rücken rauf angeschissen habe. Juhu und yeah!«. Du sollst dir nur sagen:»Okay, mühsam.« Das lässt du kurz auf dich wirken und dann fragst du dich, wie du die ganze Sache besser machen kannst, ohne zu hadern, dass die Dinge nun mal sind, wie sie sind.

Oft hilft schon eine ausgiebige Dusche, um die ganze Sache in eine positive Richtung zu lenken. Das sind jetzt die kleineren Dinge. Dazu zählen Beinbrüche, abgerissene Finger und solche Dinge.

Und dann gibt es die großen Dinge, die ordentlich reinhauen. Krebs zum Beispiel. Ich habe durch die Krebshilfe irrsinnig viele Geschichten gehört. Da habe ich mitbekommen, dass es wirklich ganz, ganz viele Menschen da draußen gibt, die versuchen, ihre Krankheit vor ihrer

Umwelt und sogar vor ihrer Familie geheim zu halten. Aus Angst, stigmatisiert zu werden. Liebe Grüße an alle: Das geht nicht! Du kannst nicht dasselbe wie ein gesunder Mensch leisten, während du eine Chemo nach der anderen über dich ergehen lassen musst.

Ich kann normalerweise echt immer und wenn ich auf allen Vieren daherkomme, aber Krebs, das ist eine andere Liga. Abgesehen davon hast du immer den Tod auf der Schulter sitzen, der dir alle paar Momente ins Ohr flüstert:»Komm ich dich jetzt holen?« Denn, auch wenn sie dir sagen, dass du es überleben wirst, das»Vielleicht musst du aber doch sterben!« schwingt immer mit. Niemand da draußen denkt sich:»Du, ist ja kein Problem, kriegen wir halt Krebs.«

Und ich frage mich: Wie soll das bei der Heilung bitte helfen? Die Ängste, Sorgen, Belastungen müssen raus! Ganz egal, wie das andere finden. Da geht es nicht um deinen Ruf, da geht es um dein Leben! Es geht um nichts anderes, als darum, die Wahrheit zu sagen. Du musst nicht mit jedem so offen darüber reden wie ich, aber nein, das ist auch nicht der richtige Moment, um auf andere Rücksicht zu nehmen, während du gegen den Tod kämpfst, weil das irgendwem da draußen vielleicht Angst machen könnte.

Akzeptiere, dass die Krankheit da ist. Nein, es ist nicht dein Fehler, sondern nur eine saublöde Verrenkung deines Körpers, wo zwei Zellen beschlossen haben, böse zu werden. Bei irgendeiner Spaltung geht was schief und du hast das Schlamassel. Deshalb hast du keinen Loser-Körper. Annehmen, was ist: Man ist krank, ja, das ist scheiße, aber im besten Fall ist es bald wieder vorbei.

Rede verdammt noch mal darüber. Es gibt tausend psychologisch echte Worte dafür, die viel gescheiter und eloquenter klingen, aber ich sag's dir, wie es ist: Es muss aus dir raus. Das heroische Aussitzen und Zu-Tode-Schweigen von Dingen bringt niemandem was. Es bringt dich höchstens um – wenn sich all die angstmachenden und dunklen Gedanken in alle möglichen Hirnwindungen und Zellen hineinfressen.

Probleme müssen ausgesprochen werden. Auch in Beziehungen. Man sagt, was einem nicht passt, kurz ist es unangenehm und dann wird wieder alles gut. Klassiker: die Zahnpasta-Geschichte. Jedes Mal, wenn du die offene Tube siehst, schluckst du es runter und zehn Jahre später ist eine ordinäre Zahnpastatube der Trennungsgrund. Dabei könnte es so einfach sein. Man muss nur sagen: »Bitte, sei mir nicht böse, ich möchte die Tube zugeschraubt haben.« Oder: »Schmatz nicht beim Essen, leg den Pulli nicht immer da hin, sondern räume ihn weg.« Und wenn es dem anderen wichtig ist, dann mach es bitte auch. Nehmt Rücksicht aufeinander, seid lieb zueinander, schaut auf euch!

Und weil es so wichtig ist, sage ich es dir noch einmal: Was dich belastet, muss raus! Rede darüber. Mit deinen

Freunden. Wenn du keine hast, sprich mit einem Therapeuten. Wenn du dir den nicht leisten kannst, erzähl dem Busfahrer, wie es dir geht. Weil jeder von uns sich immer wieder schöne Sachen sagen lassen muss. So etwas wie:»Das wird schon wieder!« Oder:»Ich versteh' dich«. Oder:»Du wirst fix nicht sterben!« Und manchmal muss man es halt 25 Mal hintereinander hören, bis man es selbst glaubt und wieder nach vorne schauen kann.

Was auch hilft: es niederzuschreiben. In ein Tagebuch zum Beispiel. Das mache ich gerne, weil das auch gleichzeitig irrsinnig entschleunigt, wenn man sich bewusst hinsetzt und etwas mit der Hand in Ruhe in ein schönes Notizheft schreibt. Im Hintergrund läuft Musik, die einen entspannt und runterholt. Die Gedanken, die im Kopf kreisen, werden mit der Zeit langsamer und man kann sie greifen, aus dem Hirn ziehen und aufs Papier klatschen. Und dort wirken sie meistens gleich viel weniger gefährlich und weniger groß, weil es zwischen Kopf und Notizbuch zumindest ein paar Zentimeter Distanz gibt.

Oder schreib das, was dich beschäftigt, auf einen Zettel, den du dann wegwirfst, wenn du deine Gedanken nicht nur sortieren, sondern am besten nachhaltig loswerden willst. Früher mit Freundinnen hatte ich eine Abmachung: Wenn es in irgendeiner sich anbahnenden Beziehung nicht so ganz tipptopp gelaufen ist, haben wir nicht dem Typen eine Hass-Mail geschickt, sondern immer der Freundin. Im Betreff sein Name. Auf »Senden« drücken und tschüss, das hilft enorm.

Schicke deine Zeilen an eine Adresse, die nicht funktioniert. Du kannst das Ganze auch in einen Song verpacken, wenn du ein bisschen musikalisch und poetisch veranlagt bist. Mit viel Glück wird es ein Welterfolg und du bist mit einem Schlag auch gleich alle finanziellen Sorgen los.

Oder schreib ein Mail an den Kundenservice von Saturn. Im lustigsten Fall kommt eine nette Antwort zurück. Aber lass es raus! Das Leben ist halt manchmal scheiße, wenn es uns mit seinen Problemen, Herausforderungen und Schicksalsschlägen konfrontiert. Und das darf man ruhig genau so sagen.

Wie man aus schlechter Stimmung eine Festival-MILF zaubert

Mit eingegipstem Knöchel und auf Krücken humpelte ich nach einer gefühlten Ewigkeit (in Wirklichkeit waren es vermutlich zwei bis drei Wochen) im Krankenhaus in Richtung Freiheit! Endlich! Und es war Sommer! Wie wunderbar! Trotz körperlicher Einschränkungen genoss ich das schöne Wetter bis zum Gehtnichtmehr. Grillen, baden, Glückshormone produzieren bis in den späten September hinein.

Dann kam der Herbst, der immer eine gewisse Schwere und etwas Morbides über die Stadt bringt, die zwar die lebenswerteste der Welt ist, aber bestimmt nicht die freundlichste. Der Nebel hing an diesem Tag besonders tief über Wien und noch dazu war ich kurz vor meiner Regel, wo dir dein ganzes Leben ziemlich schnell mal nicht so besonders schön vorkommt.

Ich hing unmotiviert und vollkommen lustlos in einem alten Jogginganzug auf meiner beigen Couch. Im Fernseher lief irgendeine Doku, die mir erzählt hat, was auf dieser Welt alles falsch läuft. Vieles, wenn nicht fast alles. Über meinem nicht mehr eingegipsten, aber noch immer lädierten Knöchel hing ein Beutel tiefgekühlter

Erbsen. Alles hing also. Der Nebel, ich, der Beutel. Und meine Mundwinkel.

Ich hatte das Gefühl, an diesem Tag kam alles hoch, was sich im letzten Jahr in mir angestapelt und angestapelt und angestapelt hatte. Mein ewig motivierter Superoptimismus machte offensichtlich gerade Pause. Das Drüberstehen, Drüberlachen, Drüberfeiern und laute Juhu-Rufen funktionierte in dem Moment nur bedingt. Tja, solche Phasen kommen bei den optimistischsten Menschen vor. Es war jetzt nicht unbedingt diese »Ich tu mir so unglaublich leid«-Stimmung. Doch, vielleicht war die ganz kurz da und blitzte kurz auf wie die Sonne, die in einem bestimmten Winkel auf eine Glasscherbe trifft. Dabei gibt es für mich wenig Schlimmeres als Opfer zu sein oder sich als Opfer zu fühlen. Rechtswähler, Müll im Meer, aber das war es dann auch bald mal. Opfertum geht mit einer so großen Ohnmacht einher, dass es mir allein beim Denken daran die Luft zum Atmen nimmt. Wenn ich mir überlege, dass ich in meinem Leben nichts ausrichten kann, weil ich nur von äußeren Umständen abhängig bin? Horror!

Ich verstehe schon, dass man manchmal im Leben an den Punkt absoluter Verzweiflung kommen kann und das Weitermachen Mut und Kraft und Ausdauer kostet. Ja, eh, trotzdem darfst du das Zepter der Selbstbestimmung nicht aus der Hand geben. Krall dich daran fest! Denn andernfalls bedeutet es, dass du auch automatisch jegliche Freiheit abgibst. Sobald so eine Mimimi-Laune daherkommt, schnapp sie dir und brüll sie an. Schrei mit voller Inbrunst: Fick dich! Probier's mal! Das tut unglaublich gut. Moment, wo bist du gerade? Solltest du mein Buch in der U-Bahn am Weg von der Arbeit nach Hause lesen, heb dir den Schlachtruf für später auf. Könnte komisch kommen in den vollen Öffis.

Ich habe das an diesem einen blöden, tristen Herbsttag jedenfalls so gemacht. Und ich habe mir meinen ganz persönlichen Kampfspruch auch gleich noch tätowieren lassen. Ich wollte, dass mich diese starke Ansage für immer begleitet. Da es dafür keine passendere Schriftart als die eigene gibt, habe ich einen Zettel und einen Stift genommen, die zwei Wörter draufgeschrieben und bin kurzerhand ins nächstgelegene Tattoo-Studio gegangen.

Dreißig Minuten später schaute ich mein Bein entlang hinunter zur rechten Wade und da stand in schöner rechtsausgelegter Handschrift, so eine, die dem Schriftenleser sagt »Das ist eine starke, eigenwillige Person, aber mit sanften Elementen, zu erkennen an den weichen Schlingen in den Ober- und Unterlängen«: Fick dich!

Genau so platziert, dass man hohe Converse anziehen kann und es noch zu sehen ist, aber auch genau so platziert, dass man für die wichtigen Kundenmeetings einfach genug drüberziehen kann, um nicht gleich mit der Tür ins Haus zu fallen.

Zu Weihnachten im selben Jahr schenkte ich meinen Freunden dann Kugelschreiber mit dem gleichen Schriftzug. Nach der ganzen Krebs- und Krankheitskiste hatte ich kein Geld mehr für großartige Geschenke. Das ist einer der großen Nachteile, wenn du selbstständig bist und krank wirst. Nora und ich betreiben mittlerweile seit gefühlt ewig eine Werbeagentur und während der ganzen Chemo-Zeit musste sie darauf schauen, unser Unternehmen allein zu schupfen. Keine leichte Aufgabe, schon gar nicht als Mutter mit einem ein paar Monate alten Kind.

Deshalb fand ich mit den Kugelschreibern ohnehin eine gute Möglichkeit, mich bei meinen Liebsten für ihren grenzenlosen mentalen und teilweise auch finanziellen Support zu bedanken und um ihnen zu zeigen, dass diese beschwerliche Zeit nun endgültig hinter mir und eben auch hinter ihnen lag. Ich wollte ihnen auch etwas von meinem beflügelten Gefühl, das mir diese zwei Worte verliehen, mitgeben.

Meine Freunde haben sich riesig über die Stifte gefreut und hatten sie fleißig in Verwendung. Daher sahen die Kulis auch andere Leute, die sie ebenfalls toll gefunden haben. Manche von ihnen meinten, dass sie auch so einen haben müssten und ob es auch andere Sachen gäbe mit dem Schriftzug darauf. Das wurde dann immer an mich herangetragen und so habe ich irgendwann angefangen, Totebags mit dem Schriftzug zu bedrucken und zu verkaufen. Zuerst in mikrokleiner Auflage auf Anfrage. Dann kamen Mützen dazu und Stirnbänder und Schlafmasken und es ist immer mehr geworden. Irgendwann hat mich eine Festival-Organisatorin angerufen. Sie:»Du hast ja ein Modelabel namens ›Fick dich‹. Hättest du nicht Lust, deine Sachen bei uns zu verkaufen?« Ich:»Hä? Wie? Was habe ich?« Sie:»Ein Modelabel. ›Fick dich‹.« Ich:»Aha. Ja, warum eigentlich nicht?« Daraufhin habe ich mich mit Kerstin zusammengetan, einer Freundin, die zu dem Zeitpunkt gerade das Ende ihrer 15-jährigen Beziehung hinter sich hatte. Keine schöne Sache, sag ich dir! Auch einer dieser Fick-dich-Momente.

Zusammen haben wir zuerst wie die Deppen versucht, zu überlegen, wie viel wir produzieren müssen, denn keiner von uns wusste auch nur im Ansatz, wie viel man auf einem Festival verkaufen kann und vor allem, was gut geht. Bis zu unserem ersten Festival sind wir deshalb Tag und Nacht daran gesessen und haben Fick-dich-Produkte entworfen: Tassen, Bleistifte, Türhänger, Kochschürzen, Slips. Bei letzteren gab es schließlich auch eine Variante mit »mich« statt »dich«. Hehe.

Dann sind wir vollbepackt mit unseren Produkten als die Festival-Milfs losgezogen, wie sie uns im Freundeskreis liebevoll genannt haben. Wir waren bei den Events immer bei weitem die Ältesten. Aber genau das hat es auch so lustig und spannend gemacht.

»Bei euch schaut es aus wie in einer kleinen, feinen, französischen Bäckerei«, haben die Leute gestaunt, wenn sie mit ihren Bierdosen in der Hand an unseren Stand gekommen sind. Die fanden das alles immer ziemlich cool, was es auch war.

Unsere einzige Konkurrenz war nämlich eine Bude, wo sie diese hässlichen Elefantenhosen und genauso hässlichen Sonnenbrillen um drei Euro verkauft haben. Wir hatten einen echt hippen Stand, minimalistisch in schwarz-weiß dekoriert und wir waren immer mit Staubwedel und Staubsauger unterwegs, weil wir es sauber und schön haben wollten. Auf einem Festival, wo sich die Leute tagelang nicht waschen und die Unterhosen vor lauter Ekel schon von selbst stehen. Sag ich ja – lustige Kombi, die Kerstin und ich. Zwei Frauen über vierzig, die auf Festivals mit Putzzeug herumgelaufen sind und haufenweise Fick-dich-Zeugs verkauft haben.

Was ich auch ziemlich lustig finde: Wie sich aus einer simplen Tattoo-Idee, die an einem herbstlichen Depritag entstanden ist, um mich ein bisschen aufzuheitern, ein echt gutes und ganz lukratives Geschäft entwickeln kann.

Das musst du dir mal genau durchdenken. Du liegst mental angeschlagen auf dem Sofa, bist müde davon, dich ständig selbst motivieren zu müssen, damit dich die Umstände nicht runterziehen. Dir kommen zwei Wörter in den Sinn, die simpler eigentlich gar nicht sein könnten. Du findest die zwei Wörter aber so unglaublich passend, dass du sie dir gleich tätowieren lässt und ein paar Monate später betreibst du dein eigenes Unternehmen und verscherbelst online und auf Festivals Fick-dich-Produkte.

Da siehst du wieder: Es ist alles für was gut im Leben. Außer vielleicht, wenn man in Hundekacke steigt und das mit den neuen Sneakers mit den tollen Sohlen – nämlich die mit den ganz kleinen Rillen, wo die Scheiße sicher nie wieder rausgeht.

Ach ja: Meinen Schriftzug haben sich noch drei weitere Menschen auf dieser Welt tätowieren lassen. Jetzt ziert meine persönliche Handschrift deren Körper, das ist schon eine echt spannende Vorstellung. Eine hat irrsinnig viel abgenommen und wollte mit dem Tattoo ihr neues, dünnes Wohlfühl-Leben einläuten. Zwei andere hatten in der Familie auch Krebserkrankungen und fanden die Botschaften bestärkend und cool. Vielleicht haben noch mehr dieses Tattoo, aber von den drei Leuten weiß ich, weil die sich bei mir gemeldet haben. Hast du es vielleicht auch? Dann schreib mir doch!

Die Geschichte vom Heinzi

Heinzi war ein Pubertätsfreund von mir. Damals, als wir 16, 17 waren, gab es noch keine Handys, dafür aber fixe Termine. Samstag, 18 Uhr am Schwarzenbergplatz. Dort trafen sich er, ich und der Rest unserer Partie, um ins Wochenende zu starten, zu feiern. Oder wir haben uns bei ihm im Keller zusammengesetzt, zwischen zig Kisten und Flaschen, weil er Hirter-Bier-Großhändler war, was wir natürlich auch sehr cool fanden.

Heinzi war einer dieser harmlosen, netten Freunde, auf die man sich immer verlassen konnte. Nie großartig aneckend, auffallend oder unangenehm, aber trotzdem eine starke, außergewöhnliche Persönlichkeit. Ein wirklich großer Mann, hatte einen lustigen Gang, immer ein bisschen nach vorne gebeugt und einen noch viel lustigeren Lacher. Laut und glucksend.

Er hat Schlachtschiffe in Miniaturformat nachgebaut, konnte alle Songs dieser Welt auswendig, war der größte Beatles-Fan, den man sich vorstellen konnte und dokumentierte jede unserer Partys auf Band, was nicht unbedingt schön war, aber heute ein großartiges Andenken an die Zeit von damals ist.

Nach dem Studium verlief sich der Kontakt ein bisschen und reduzierte sich so ziemlich auf ein Minimum, weil jeder neugierig auf die andere Welt da draußen war, außerhalb des Bierkellers. Wie das halt so ist, wenn man jung ist und noch nicht so genau weiß, wohin man gehört oder wohin man gehören will. Man möchte so viel wie möglich sehen und entdecken, um seinen Platz zu finden.

Zweimal im Jahr hat Heinzi mich trotzdem immer angerufen und gefragt, wie es mir geht. Klingt auf den ersten Eindruck hin wenig, aber die Beständigkeit macht diese halbjährlichen Lebens-Updates in Summe doch zu etwas ganz Großem.

Und wenn ich im Spital war, was relativ oft vorkam, nachdem ich mich ziemlich häufig verletzte, wurde unser Kontakt wieder intensiver, weil sich sein Haus direkt neben der Döblinger Privatklinik befand, die mit den hellblonden Wänden und den flaschengrünen Fenster- und Türrahmen. Wenn ich dort mit einem meiner vielen Auas eingecheckt hatte, zuletzt eben mit meinem Knöchel, hat mich Heinzi besucht und manchmal hat er gesagt: »Da, schau, ich habe ein paar Videos von früher aufs Handy überspielt.«

Er saß dann bei mir am Bettrand, wir haben uns zusammen die Aufnahmen angeschaut und über die alten Zeiten philosophiert und gelacht. In diesen Momenten spürte ich immer besonders stark, dass wir uns im Herzen eigentlich nie verloren hatten und ich habe gesehen, dass es da draußen einfach Menschen gibt, die bleiben, auch wenn sie dein Leben mit ihrer Anwesenheit irgendwann nur mehr ein bisschen tangieren.

Aber wenn du in der Pubertät so oft etwas gemeinsam gemacht hast, auch zusammen auf Urlaub gefahren bist und so viele Erfahrungen gesammelt hast, die alle zusammen nicht immer toll, aber definitiv neu und spannend und prägend waren, und du dich zum ersten Mal so richtig gespürt hast im Leben – das verbindet. Auch über die Jahre hinweg und die Tatsache, dass jeder in einem anderen Leben zuhause war.

Heinzi war eingebettet in eine Partnerschaft mit einer Frau, die zwei kleine Kinder in ihre Beziehung mitgebracht hatte. Als er für die beiden eines Abends Schinkenfleckerl gemacht hat, ist er dabei in der Küche umgefallen. Zack. Einfach so. Von einem Moment auf den anderen. Ohne großartige Vorgeschichte. Ohne irgendwelche Anzeichen vorab. Herzstillstand.

Seine Freundin hat ihn wiederbelebt, bis die Rettung kam, die wiederum brachten ihn auf die Intensivstation und alle hofften, dass man das wieder in den Griff kriegen würde. Als mich ein alter Freund angerufen hat, um mir zu sagen, was mit Heinzi los war, bin ich ins Spital gerast, um seine Hand zu streicheln und ihm gut zuzureden. 24 Stunden später wurden die Apparate abgedreht und Heinzi für tot erklärt.

Was ich dir mit dieser Geschichte sagen will: Man kann von einem Tag auf den anderen weg sein. Kochen, kochen, flatsch. Kann jedem von uns passieren. Im Grunde eh die Art von Tod, die man sich wünscht. Wo man nicht leiden muss und möglichst wenig davon mitbekommt.

»Da soll irgendwer einfach schnell den Stecker ziehen«, sagt man und geht insgeheim aber davon aus, dass man dann 90 oder 100 ist. Aber dass du dann so alt bist und eh schon ein ganzes Leben hinter dir hast, garantiert dir keiner. Der Schinkenfleckerl-Tod kann dir jederzeit passieren. Tatsache!

Deshalb genieße dein Leben so gut es geht und mach jeden Tag das Beste draus. Und trink Schnaps! Dieses ewige Nippen an Bier und Spritzern, von denen man nur dauernd aufs Klo muss und man eigentlich eh nur darauf wartet, bis die Party dann irgendwann endlich in Gang kommt – vergiss das. Meine beste Freundin Nora kennt da nichts. Da gibt es eine Runde Schnaps und die Feier geht los. Ich liebe sie dafür. Nicht wegen des Alkohols. Wegen der Einstellung. Kann man echt gut aufs Leben übertragen. Denk mal drüber nach.

Was hinterlasse ich der Welt?

Als Lola, die Tochter meiner besten Freundin Nora, getauft wurde, war ich im Endspurt meiner Chemotherapie angelangt. Dementsprechend zerstört und mitgenommen fühlte ich mich und sah auch so aus. Die Taufe wollte ich aber auf keinen Fall verpassen. So ein wichtiger Tag kommt nicht wieder. Also putzte ich mich so gut es ging auf, um einigermaßen passabel auszusehen.

Ich habe mir meine braune Langhaarperücke aufgesetzt, mir falsche Wimpern aufgeklebt, in der Hoffnung, dass sie meine Augenringe zumindest ein bisschen kaschieren würden und ein grünes Wickelkleid angezogen. Darüber trug ich einen beigefarbenen Trenchcoat. Als ich mit meiner Aufmachung fertig war und in den Spiegel sah, fand ich mich noch immer hässlich, aber was soll's!

So saß ich dann zwischen den anderen Gästen, die in der Kirche erschienen waren und irgendwann kamen die Fürbitten, in denen es darum ging, dass Lola ein glückliches, wunderbares, schönes und möglichst sorgenfreies Leben erwarten sollte. Als Letzte stand Nora an der Kanzel. Sie sah aber nicht zu ihrer kleinen Tochter hinüber oder dorthin, wo der liebe Gott vielleicht sein könnte, oben im Gewölbe der Kirche oder irgendwo im Diffusen über den Köpfen der Gäste, sondern sie sah mich an. »Lieber Gott, wir bitten dich, lass Susi weiterleben«, sprach sie mit zittriger Stimme.

Und was sollte ich sagen? Ich war ohnedies schon halb außer mir in dieser Situation, von den Strapazen der letzten Zeit und alles fühlte sich ein bisschen wie von einem Schleier umhüllt an. Und dann sah ich meine beste Freundin da oben stehen, wie sie mich ansah mit einer Mischung aus Angst, Zuversicht und absoluter Liebe und sie versuchte, ihre Tränen zu unterdrücken.

Ich probierte das erst gar nicht, sondern heulte sofort los und alle um mich herum mit mir und schließlich auch Nora. Das war ein Moment, den ich mein Leben lang nicht mehr vergesse. Es war ihr Tag, der Tag von Nora und ihrer kleinen Tochter, sie sollten im Mittelpunkt stehen, nicht ich. Trotzdem hatte Nora einen dieser großen Wünsche an den lieben Gott mir gewidmet. Und du sitzt da und der Tod sitzt neben dir, stiert dich dumm von der Seite an und flüstert: »Du, Susi, willst nicht gehen? Ich wäre jetzt da!«

Angenommen, du sagst: »Ja, du, okay, komm ich halt mit.« Was kommt dann? Nichts, wenn du mich fragst. Da ist es dann aus, vorbei, finito. Mir war schon damals in der Schule, im Philosophieunterricht, klar, dass ich mit keinem dieser Konzepte von Himmel oder Hölle oder Wiedergeburt oder sonst irgendetwas, das mit uns angeblich passiert, wenn wir diese Erde hier verlassen, etwas anfangen konnte. Für mich stand und steht fest: Wenn ich sterbe, ist alles weg, mein Körper und mein Geist.

Ich glaube zum Beispiel nicht daran, dass mein verstorbener Papa irgendwo da oben sitzt auf irgendeinem Wölkchen, auf uns herabsieht und uns zuschaut, wie wir die Tage verbringen, verleben, verschwenden. Er ist einfach tot.

Und jetzt kommt das große Aber: Ganz so stimmt das nicht. Es löst sich ja nicht alles mit einem Fingerschnips in Luft auf. Es gibt da einiges, das uns überdauert.

Gene zum Beispiel, wenn wir Kinder haben. Statistisch gesehen vererben wir diese mit zwei Mal Nachwuchs vollständig weiter. Klitzekleines Problem: Mit dem Brustkrebs kam neben dem »Vielleicht muss ich sterben«-Ding ja eben noch hinzu, dass ich laut meiner Ärzte nie Mutter werden würde.

Aber gut, wir hinterlassen der Welt auch ohne eigene Kinder jede Menge. Hautschuppen zum Beispiel. Pro Minute verlieren wir im Schnitt 40.000, hochgerechnet auf einen Tag sind das mehr als fünfzig Millionen und auf ein Leben – Wahnsinn. Unsere Existenz ist durch die abgestorbene Haut an einem Ort bis zu eineinhalb Tage lang nachweisbar. Sehr uncool eigentlich, wenn man am Ende des Tages als verhasste Schuppe überbleibt. Ein Leben lang arbeitet man daran, dass sie am schwarzen Pulli nicht Party machen und dann das.

Unsere Fingerabdrücke bleiben auf Glas einige Wochen, auf Plastiktaschen bis zu sieben Jahre lang haften. Das Verrückteste: Unser Fußabdruck kann theoretisch bis zu 5,7 Millionen Jahre lang erhalten bleiben. Forscher haben einen genau so alten auf Kreta gefunden.

Und dann gibt es da noch die Erinnerung. Die Leute vergessen dich nicht. Also hoffentlich, denn, würden sie das tun, wäre es ziemlich bitter. Kennst du den Film »Coco«? Diesen Animationsstreifen, der im Grunde genau die Message hat: Erst wenn dich die Leute vergessen, hast du ein echtes Problem, dann bist du wirklich tot. Die Menschen tragen dich in ihrem Gedächtnis weiter. Und in ihren Handlungen, die sie deinetwegen setzen. Entweder, weil du ihnen etwas Bestimmtes gezeigt oder ihnen einen speziellen Zugang zu etwas vermittelt hast oder ihr etwas gemeinsam unternommen habt. Da gibt es viele Möglichkeiten.

Jedenfalls: Du bist nicht einfach weg, keine Sorge. Auch mein Papa ist nicht einfach fort. Er lebt in mir weiter, jetzt gar nicht nur durch die Gene, die er mir übermittelt hat, sondern vor allem durch das, was ich mit ihm erlebt und was ich von ihm gelernt habe. Er war sozial und immer für alle da. Vielleicht nicht in diesen feinen Nuancen, aber man hat auf ihn zählen können. Er hat die Natur geliebt. Beides hat er mir weitergegeben. Auch dieses Abenteuertum habe ich ein bisschen von ihm.

An irgendeinem Punkt in meinem Leben habe ich mich gefragt: Welche Gefühle sollen die Menschen haben, wenn sie an mich denken, wenn ich mal tot bin? Die Antwort ist ziemlich einfach: Möglichst viele gute. Will jeder, oder?

Niemand wünscht sich, dass man sich an ihn erinnert und ein innerliches Kreuzzeichen macht, weil die Person zum Glück nicht mehr da ist. Ich möchte nicht im Nachhinein verurteilt werden, ich will nicht, dass es heißt »Puh, unausstehliche, blöde, alte Zicke!« oder »Wah, war die immer mühsam!«, sondern ich will, dass ihnen dann sofort eine Botschaft durch den Kopf schießt: Das Leben ist super! Gefolgt von einem Feuerwerk an positiven Emotionen und Gedanken. Ich will, dass die Leute finden, dass ich eine liebe Seele war, eine, die ihnen gelernt hat, dass das Leben wirklich Spaß machen und man immer das Allerbeste daraus machen kann, egal wie beschissen die Umstände vielleicht auch sein mögen. Im Idealfall halten sie sich daran und profitieren möglichst viel von meiner Einstellung. Ich möchte, dass ich immer wieder im Hirn meiner Liebsten auftauche und dass die Erinnerung an mich ihnen ein fettes Lächeln auf die Lippen zaubert.

Mein Dasein soll Freude und Nutzen schaffen für andere und damit das so ist, gebe ich mir richtig viel Mühe. Klar, ich habe auch grantige, unangenehme und schlechte Tage, aber wirklich gemein oder scheiße bin ich eigentlich nie. Ich versuche immer, verständnisvoll und lieb zu sein. Ich möchte das Positive in den Menschen sehen und wenn ich welche treffe, die schwierig und unfair zu einem sind, setze ich mich hin und frage mich, warum sie das sind.

Dann überlege ich mir, ob sie vielleicht gerade Probleme im Job oder in ihrer Beziehung haben oder sie von irgendwelchen blöden Komplexen oder anderen Sorgen beeinflusst sind, oder vielleicht hatten sie leider einfach nur eine Scheißkindheit. Und wenn ich mir das so durch den Kopf gehen lasse, finde ich ihr Verhalten zwar noch immer nicht richtig, aber irgendwie menschlich, nachvollziehbar und damit wieder ganz okay. Kann halt nicht jeder jederzeit über allem stehen. Ist einfach so.

Natürlich müssen wir jetzt nicht so tun, als wüsste ich alles besser – ich bin nicht so heilig, dass ich die ganze Welt und alle Menschen lieben könnte. Tu ich nicht. Unter den nicht so netten Menschen, die mir bislang untergekommen sind, gibt es zwei, drei, wo ich echt aufgehört habe, entgegenkommend und nett und aufmunternd zu sein.

Aber im Grunde ist es so: Wenn jemand meine Hilfe braucht, ruft mich an! Das gilt nicht nur für meine Freunde, sondern auch für die Freunde von Freunden von Freunden, quasi also auch für dich.

Erst gestern hat mich eine Frau kontaktiert, die ich mit 19, 20 herum kennengelernt hatte. Seitdem hatten wir keinen Kontakt mehr, aber sie ist mit einem Bekannten von mir zusammen und so ist sie zu meiner Nummer gekommen. Sie hat mir erzählt, dass bei ihrer besten Freundin ein bösartiger Tumor diagnostiziert worden ist und sie hat mich gefragt, ob ich ihr Tipps geben kann. Eigentlich hatte ich mir vorgenommen, die ganze Krebskiste jetzt endlich mal hinter mir zu lassen und die Leute, die mich deshalb kontaktieren, an andere Stellen zu verweisen. Weil es ja doch immer wieder etwas aufreißt. Trotzdem habe ich dann zugesagt, wir haben eine Stunde miteinander geplaudert und ich habe mich am Ende des Telefonats darüber gefreut, einem Menschen da draußen ein bisschen etwas seiner Sorgen und Ängste genommen zu haben.

Ich würde ja auch von mir behaupten, dass ich so etwas wie eine Krisen-Empathie besitze. Soll heißen, ich spüre überdurchschnittlich gut, wenn es jemandem schlecht geht. Ich merke sogar, wenn die Verkäuferin im Supermarkt ums Eck etwas belastet und wenn es nur die Tatsache ist, dass am Morgen vor ihrem Dienst die Waschmaschine ihr Bad überflutet hat.

Es ist, als würden die besorgten Stimmungen anderer Leute ungefiltert zu mir durchdringen und ich kann an dieser Stelle dann gar nicht anders, als meine Hilfe anzubieten und am liebsten würde ich sofort damit loslegen, für diese Person alles zu tun, was ihre Situation besser macht. Aber das ist ja auch nichts Schlechtes. Im Gegenteil, ich mag es wirklich sehr, zu helfen. Ich mag es so sehr, dass es manchmal zu viel ist. Es kann durchaus vorkommen, dass ich mich viel zu sehr in ein Thema hineinsteigere und es quasi zu meinem eigenen mache.

Zum Beispiel gab es da einen Fall von kaputten Knien in meinem engsten Umfeld. »Er braucht dringend einen Hometrainer, damit die Gelenke beweglich bleiben«, habe ich gesagt, als ich von den Knorpelschäden erfahren habe. Im nächsten Moment habe ich so ein Zimmerfahrrad bestellt und zu ihm nach Hause geschickt. Ich weiß, ich weiß, das ist grenzüberschreitend und Menschen fühlen sich von meiner impulsiven Hilfsbereitschaft manchmal überfordert und das tut mir auch leid, ehrlich, aber ich meine es wirklich, wirklich nur gut.

Und ja, trotz bester Absichten streite ich manchmal auch mit den Menschen, die zu mir gehören und die ich liebhabe. Man wirft sich gegenseitig Sachen an den Kopf, die vielleicht nicht so schön sind und die man nur sagt, weil man gerade böse aufeinander ist, in der Hitze des Gefechts, aber die man gar nicht so meint.

Manchmal muss das einfach raus, da hilft nichts. Auseinandersetzungen gehören dazu, das braucht man sich nicht schönzureden. Wenn Individuen mit unterschiedlichen Ansichten und Bedürfnissen zusammenkommen, knallt es zwischendurch eben mal.

Aber nach so einem Gefühlsgewitter braucht es auch einen Regenbogen. Sprich: Entschuldige dich bei den Menschen, mit denen du im Clinch warst, oder geh zumindest auf sie zu. Das kostet ab und zu ordentlich was an Überwindung, vor allem, wenn du mit dem Ganzen vielleicht gar nicht angefangen hast oder dir keiner Schuld bewusst bist, ooooder einfach nur stur bist, so wie ich. Aber, bitte, go for it! Hüpf drüber wie ein agiles

Pferd beim Springreiten, was einen da meist zurückhält, ist falscher Stolz und das Ego. Und das ist so eine Sache.

Selten sind die zwei Dinge angebracht, meistens hindern sie dich nur daran, maximales Glück zu spüren, wenn du glaubst, du kannst dich jetzt nicht bei jemandem melden, weil er das ja eigentlich machen müsste und so weiter. Und wenn du es warst, der jemandem wehgetan hat, steht es ohnehin außer Frage. Das musst du so schnell wie möglich wiedergutmachen. Glaub mir, du willst niemanden verletzen. Ich habe Menschen verletzt und gelernt: Das ist scheiße. Wir müssen lieb sein zueinander und aufeinander so gut es geht aufpassen, alles andere hat keinen Sinn.

Und auf alle Fälle ist auch nicht wichtig, wie viel Geld oder anderes Status-Zeug man der Welt und seinen Liebsten hinterlässt, worauf es wirklich ankommt, ist nämlich, wie viele Herzen man am Ende des Tages berührt und wie viele Leben man mit Gesprächen, Ideen und Taten besser gemacht hat.

Alle (vier) Wege führen zur Lebensfreude

Als mein Vater schon schwerkrank war und er beinahe schon gestorben wäre, hat meine Mutter vor ihm fast beiläufig erwähnt, wie schön es wäre, wenn wir noch ein einziges Mal Weihnachten miteinander feiern könnten. Und was ist passiert? Mein Vater hat seine letzten Kräfte zusammengenommen und hat durchgehalten. Bis zwei Tage nach Heiligabend. Da ist er dann von uns gegangen, im Kreise der Familie.

Unser Geist kann natürlich nicht alles richten, aber er kann viel bewirken. Da muss es jetzt nicht zwangsläufig um Leben und Tod gehen. Dazwischen gibt es Milliarden von Szenarien, wo man sich entweder für einen positiven oder einen negativen Zugang zu der ganzen Sache entscheiden kann.

Etwas, das einem halt immer bewusst sein muss: Dorthin fließt dann auch unsere gesamte Energie. Und im Grunde bringt es nie etwas, sich für den pessimistischen Ansatz zu entscheiden, außer, dass man sich auf das Negative konzentriert und ihm dadurch mehr Raum gibt, als man eigentlich will.

Besser ist da der positive Zugang, denn entweder kann man die Situation zum Positiven wenden oder man bemüht sich darum, aus dem blöden Umstand, wie auch immer der aussieht, das Optimum rauszuholen. Was es dafür auf alle Fälle braucht, ist viel Lebensfreude. Wenn du davon nämlich genügend besitzt, radiert es dich nicht so leicht aus. Aber wie gelingt es, sich die Lebensfreude zu bewahren oder sie zurückzuholen, wenn sie einem irgendwo am Weg abhandengekommen ist?

Erstens: Bleib offen. Ich glaube, Neugier ist ein Lebenselixier, ein Motor, sie treibt uns an und wenn man früh genug anfängt, alles interessant zu finden, dann macht einen das so süchtig nach mehr, dass man nie wieder weniger wissen will.

Und es gibt so viel zu lernen und zu erfahren. Oder wusstest du etwa, dass die meisten Elefanten weniger wiegen als die Zunge eines Blauwals? Oder dass eine Kakerlake ohne Kopf bis zu neun Tage lang überleben kann? Okay, warte, einen spannenden Fact habe ich noch für dich: Bäume können miteinander sprechen, über Ultraschallsignale und Duftstoffe. Wahnsinn, oder?

Ich hatte das immer schon. Seit ich ein kleines Mädchen war, haben mich Natur und Tiere extrem beeindruckt. Ich habe mit Fröschen gespielt, Salzsteine für den langen Winter für die Rehe ausgehängt, Fische, die so groß waren wie ich, an den Kiemen aus dem Netz gezogen und ich habe Fährten gelesen. Mich haben sogar Maiglöckchen unfassbar fasziniert, denn die waren nur im Mai da und der Waldboden war dann übersät mit weißen, hübschen Blumen und wie sie gerochen haben – herrlich. Und das Allerallerärgste: Giftig sind die auch noch. Zweitens: Bleib kindisch. Wer hat denn gesagt, dass wir aufhören sollen, die Details im Leben zu lieben und großartig zu finden? Wer hat denn gesagt, dass es fad sein muss, erwachsen zu sein. Und dass Erwachsene zu sein erwachsen sein muss?

Im Inneren ewig Kind zu bleiben macht das Leben einfach viel lustiger und nicht so schwerfällig. Sobald du Falten hast, wirst du eh ernst genommen, also bitte nur keine falsche Bescheidenheit. Sei verrückt. Spiel Kinderstreiche.

Mein langjähriger Freund Uli hat mal mein Bikinioberteil am Rucksack angebunden, als ich dann den Rucksack abgelegt habe, war auch das Oberteil weg und ich stand oben ohne da. Absolut albern, aber wir haben minutenlang durchgelacht deswegen. Das macht das Leben lebenswert. Ja, genau das! Ein simples Bikinioberteil, das an einem Rucksack angebunden ist. Und wenn es nur für einen ausgiebigen Playstation-Nachmittag reicht – gönne ihn dir. Hab immer am Schirm, dich und deine Umgebung zu erheitern, mach das zu einem deiner großen Ziele im Leben.

Drittens: Finde Menschen interessant und spannend. Wir alle sind ein Wunder. Denk nur an unser Herz. Es fängt zu schlagen an, wenn wir gerade mal fünf Millimeter groß sind, so klein wie eine Erbse. Eine Erbse! Von dem Moment an schlägt es weiter, ein Leben lang, ohne eine einzige Pause einzulegen. Pro Tag pumpt es dabei rund 8.000 Liter Blut durch unsere Gefäße. Großartig, nicht wahr?

Und dann überlege dir, wie unglaublich es eigentlich ist, dass da draußen niemand denselben Fingerabdruck wie du hat. Knapp acht Milliarden Menschen bewohnen diese Erde und jeder von ihnen hat ein ganz individuelles Daktylogramm. Hammer! Überhaupt gibt es da draußen niemanden, der so ist wie du. Wie geil ist das?

Interessiere dich dafür, woher die Menschen in deinem Umfeld herkommen, welche Kulturen und Hintergründe sie prägen, was sie sonst noch beeinflusst hat und interessiere dich für die, die du nicht magst, ja, auch für die Arschlöcher. Die gehen mir auch auf die Nerven, klar, aber sie faszinieren mich trotzdem. Versuche, herauszufinden, wieso die Menschen sind, wie sie sind, was sie antreibt, was sie bewegt, wovor sie Angst haben, wovon sie träumen, laut und heimlich. Stell Fragen. Stell viele, viele Fragen.

Wenn du die Themen kennst, mit denen sich ein Mensch herumschlägt, fängst du automatisch an, ihn besser zu verstehen. Er wird für dich nachvollziehbarer und kommt dadurch näher. Und jeder hat seine Themen, da muss in der Vergangenheit gar nicht mal was Schlimmes passiert sein. Jeder schleppt einen Rucksack mit und mit jedem Tag hier auf der Erde packen wir ein bisschen was dazu. Und das macht neben diesen tausenden von anderen Sachen aus jedem einzelnen eine spezielle Kombination aus Erlebnissen, Erfahrungen, Eindrücken und Emotionen.

Wir produzieren täglich bis zu 70.000 Gedanken und für mich gibt es kaum etwas Faszinierenderes, als herauszufinden, worum sich diese bei anderen Menschen drehen. Mich begeistert die Geschichte der Menschheit enorm und wie Entwicklungen stattfinden. Auch in einem selbst und im Zusammenleben mit seinen Liebsten.

Nach dem Tod meines Vaters habe ich zum ersten Mal ganz offen mit meiner Mutter über unsere Beziehung gesprochen und über sie und darüber, warum sie ist, wie sie ist und weshalb wir es dort oder da nicht immer so einfach hatten. Zwischendrin dachte ich mir öfter: »Mein Gott, warum konnte das nicht immer schon so sein?« Aber das ist eben ein Prozess und der hat in uns beiden nun mal so lange gedauert, wie er gedauert hat.

Viertens: Halte dich nicht an deine eigenen Regeln. Es gibt genügend Situationen, wo einem nichts anderes übrigbleibt, als einigermaßen vernünftig und seriös daherzukommen, weil du sonst das mit dem Kredit fürs Haus oder das mit dem supercoolen, neuen Job ziemlich sicher gleich vergessen kannst. Gleichzeitig gibt es so, so viele Momente, da muss man nicht brav oder angepasst sein.

Man glaubt höchstens, dass man es sein muss, weil man es so gewohnt ist. Aber das sind selbstauferlegte Regeln, die einem selten guttun, sondern einen maximal einschränken. Und an diese sollte man sich so oft wie möglich nicht halten.

Zum Beispiel: Wer sagt, dass man sich in einem Restaurant maximal zwei, drei Speisen aus der Karte aussuchen kann? Nach meiner dritten Chemo-Therapie war ich zusammen mit meinen zwei Gerti-Freundinnen auf Mallorca. Körperlicher Zustand: Übelkeit, Erschöpfung, unverhältnismäßig häufige Schweißausbrüche und ein Pilzbefall von der Zunge bis zu den Zehen. Gefühlszustand: Bäh. Ich wollte trotzdem - oder gerade deshalb - für ein Wochenende raus, mal auf andere Gedanken kommen, mal etwas anderes sehen, hören und erleben als diesen ganzen Krebs-Wahnsinn und schon gar nicht wollte ich auf der Couch liegen und mich selbst bemitleiden.

»Lass uns nach Malle fliegen!«, habe ich den beiden deshalb vorgeschlagen.

»Passt! Das machen wir!«, haben sie gesagt und schon saßen wir im Flieger Richtung Süden.

Einen Abend lang lag ich mit vierzig Grad Fieber im Bett. Mühsam und blöd gelaufen. Dafür haben wir uns die restliche Zeit ganz viel Lebensgefühl, Erholung und Spaß gegönnt. Etwa in dieser einen kleinen, süßen Tapas-Bar, in der wir essen waren.

»Was nehmt ihr?«, hat Tinchen-Gerti gefragt.

Achselzucken von Pia-Gerti und mir, bis ich schließlich meinte:»Scheiß doch der Hund auf Entscheidungen! Wir bestellen alle Tapas, die sie auf der Karte haben.« Kennt man normalerweise nur aus dem Film, findet man super, aber macht man selbst nicht, weil es nicht in den Ernährungsplan passt, oder, na ja, weil man es halt einfach nicht macht. Wir haben es aber gemacht. Einfach so. Weil uns danach war.

Also, ich bin ja ohnehin jemand, der generell mit Speisekartenentscheidungen maßlos überfordert ist. Ich bin froh, wenn man mir maximal vier Speisen zur Auswahl gibt. Ein Überangebot sollte man mir vorab als PDF schicken, damit ich mich geschmacklich auf alles einstellen und dann entscheiden kann.

Fun Fact: Ich schmecke nicht mal was, denn mein Geschmackssinn ist mit meinem Sprung in der Schüssel flöten gegangen. Also salzig, sauer und bitter schmecke ich, aber das ist wirklich das Mindeste. Bei mir geht es eher darum, wie es sich auf der Zunge anfühlt. Und trotzdem tu ich mir so unglaublich schwer mit Essensentscheidungen. Deshalb haben wir in dem Fall einfach darauf gepfiffen, weil eh alles andere schon mühsam genug war zu der Zeit.

Seit unserem Tapas-Gelage weiß ich übrigens, dass ich ein riesiger Fan von Pimientos de Padrón bin. Absolutes Soulfood. Das musst du unbedingt einmal kosten.

Ohne Freunde geht nichts

Gute, ehrliche Freunde sind alles im Leben. Und mit »alles« meine ich wirklich »alles«. Mit Menschen an deiner Seite, auf die du zählen kannst, fühlen sich Schicksalsschläge zwar meistens noch immer schwer, aber zumindest irgendwie bezwingbar an. Jeder braucht eine emotionales Unterstützungsteam. Denn dann weiß man, wenn man selbst nicht mehr kann, gibt es da noch immer jemanden, der einen zumindest einen Teil des Weges trägt. Und für dich dabei gerne einen Leistenbruch oder einen verrissenen Rücken in Kauf nimmt.

Und, das Geile daran: Es liegt ganz allein an dir, welche Freunde du hast. Deine Familie kannst du dir nicht aussuchen. Wenn du da ein paar schräge Vögel erwischt hast, ist das blöd und du musst schauen, dass du mit ihnen irgendwie klarkommst oder auch nicht. Du kannst nicht bestimmen, ob du irgendwann eine eigene Familie gründen wirst, weil es nicht nur von deinem Willen, sondern auch von biologischen Aspekten abhängt. Aber du kannst entscheiden, wer deine Freunde sind.

In meinem Leben sind es drei Menschen, ohne die bin ich nichts: Alex, Christoph, den ich »Asselito« nenne, und Nora. Alex ist wie mein Bruder, Asselito, der seinen Spitznamen von »Assel« hat, weil er nicht umzubringen ist, ist mein Seelenverwandter und Nora war einfach schon immer da und ist sowas von überhaupt nicht mehr wegzudenken für mich. Zusammen sind sie mein Lebenstriumvirat, die allerwichtigsten Menschen unter vielen anderen, die mir auch sehr am Herzen liegen.

Mit 13 kam Nora in meine Klasse ins Gymnasium. Wir waren dann irgendwann zusammen auf Schullandwoche, zu einer Zeit, als Ballonröcke total in waren. Und Nora ging tatsächlich in so einem Teil wandern. Am Programm stand auch eine Fahrt mit der Sommerrodelbahn. Ich war schon unten, als sie vollkommen zerschunden zu Fuß den Berg herunterstapfte. Sie hatte es samt Ballonrock aus der Bahn geworfen. Wir haben uns angeschaut und beide herzlich zu lachen begonnen.

Das war der Beginn unserer Freundschaft und wir haben nie wieder aufgehört, miteinander zu lachen. Als ich mit 16 für ein Jahr lang nach Australien ging, kam sie zwei Monate im Sommer nach, weil wir es ohne einander nicht aushielten.

Nach der Matura gingen wir gemeinsam als Au-Pairs nach Paris, ebenfalls für ein Jahr. Wir haben viele wilde Urlaube miteinander verbracht.

Kurzum: Ich kann mir ein Leben ohne Nora nicht mehr vorstellen. Sie war vor meiner Pubertät da, währenddessen und danach. Sie weiß und kennt alles von mir. Umgekehrt gilt das genauso. Und wir sind längst an dem Punkt, wo wir gar nicht mehr viel reden müssen, um zu wissen, wie es dem anderen geht, was in ihm vorgeht, wie er meint, was er sagt. Oft müssen wir uns dafür nicht mal in die Augen schauen.

Wir sind auf eine ganz eigenartige Weise eins, obwohl wir es eigentlich gar nicht sind. Wir sind so unglaublich unterschiedlich auf den ersten Blick. Ich bin laut und für stille Leute duchaus unangenehm. Aufgekratzt und wie ein Flummi, der, einmal losgelassen, von einer Ecke des Raums in die andere schießt. Immer in Action, immer in Bewegung.

Sie ist eine fast immer schwarz gekleidete Werberin, die sich über wunderbares Design jeglicher Art freut. Gleichzeitig schlummert in ihr Ungehorsam, den sie meistens zu kaschieren versucht, aber innen drinnen ist sie wirklich die Ärgste.

Warte, jetzt wird sie gleich sagen, dass es nicht an ihr liegt, sondern dass immer ich sie in irgendeinen Schwachsinn hineintheatere. Ja, Nora, stimmt schon, meine schlechten Entscheidungen waren immer dein Scheißdreck. Aber dafür haben wir auch unglaublich tolle Geschichten miteinander erlebt und Anekdoten mitgebracht, die Abende füllen können und bei denen anderen der Mund offen bleibt. Und man lernt sich selbst viel besser kennen in Situationen, die unbequem sind, als wenn alles gemütlich dahinplätschert.

Nora, erinnerst du dich noch an den Autostopp in Paris? Klar erinnerst du dich noch. Diese eine Nacht wirst du nie vergessen. Ich auch nicht...

»Scheiß doch der Hund auf die überteuerten Taxis«, sagte ich und streckte am Straßenrand meinen Daumen raus, um ein Auto anzuhalten.

Nora stand mit einem Schritt Sicherheitsabstand hinter mir, unsicher, was sie von meiner Aktion hier halten sollte.

Ein Mann fuhr rechts ran.

»Ich nehme euch mit, ich fahre eh auch in eure Richtung«, meinte er auf Französisch. Da war uns noch nicht aufgefallen, dass er unsere Richtung gar nicht kennen konnte, weil wir dort noch gar nicht gesagt hatten, wohin wir eigentlich mussten.

Wir stiegen ein und sind beide kurz eingenickt. War eine lange Nacht.

Irgendwann zischte Nora von der Seite: »Susi, Susi, wo sind wir?«.

Ich versuchte, etwas in der Dunkelheit zu erkennen.

»Ich glaube, wir sind auf der Autobahn«, zischte ich zurück.

»Was, um Himmels willen, machen wir jetzt!???«, flüsterte Nora.

»Was, um Himmels willen, macht er????«, zischte ich und deutete Nora, einen Blick nach vorne zu werfen.

Unser Fahrer saß ohne Hose im Auto und holte sich während dem Fahren tatsächlich einen runter.

»Wir könnten ihm eins von hinten drüberbraten. Blöd nur, dass er am Steuer sitzt…«

»Ich schreie jetzt«, kündigte Nora und an plärrte ihm dann von der Rückbank aus zu, dass er uns jetzt sofort nach Hause bringen sollte, weil er sonst ganz große Probleme bekäme. Was für welche, wussten wir selbst nicht, aber manchmal muss man im Leben einfach bluffen. Das ist wie bei dieser »Ich zähle jetzt bis drei«-Sache bei kleinen Kindern. Da weiß auch kein einziger Mensch, was passiert, wenn man runtergezählt hat. Ist aber auch ganz egal. Warum? Weil es gar nie so weit kommt, wenn man es entschlossen genug formuliert. Da machen sich alle in die Hose und keiner will eine mögliche Vollkatastrophe heraufbeschwören. Zumindest oft, für einige läuft es ja leider nicht so glatt. Deshalb setzte ich zur Sicherheit noch ein »Wirklich große Probleme!« nach und einen »Spiel dich ja nicht«-Blick auf. Bei der nächsten Abfahrt blinkte er und setzte uns schließlich tatsächlich daheim ab.

Zugegeben – der Autostopp in Paris war nicht gerade eine meiner Highlight-Ideen und es hätte auch wirklich, wirklich grob ins Auge gehen können. Ist es aber nicht, muss man auch sagen und diese Hätte-könnte-wäre-würde-Kiste kann man sich schenken, denn die hemmt nur und ein Leben im Konjunktiv nimmt dir so viele Möglichkeiten, echt was zu erleben.

Und nachdem alles gut ausgegangen ist, ist es eine große und wilde Geschichte, über die heute alle herzlich lachen. Und eine Geschichte, die wir unseren Eltern erst zwanzig Jahre später erzählt haben.

Was ich sagen will: Schnapp dir eine schöne Seele und geh mit ihr durchs Leben. Erlebe Abenteuer, die dich das Leben spüren lassen, weil es dir eine Überdosis Adrenalin durch die Adern jagt. Oder tanz mit ihr am Küchentisch. So wie wir es früher bei Alex in seinem Haus in Tirol gemacht haben. Gerade unlängst haben wir erst wieder darüber gesprochen. Weil Alex die Küche, die noch aus den 70ern ist, renovieren möchte.

»Die Vorhänge kommen auch weg«, hat er gesagt.

»Neeeein!«, habe ich gerufen, »Schmeiß sie ja nicht weg!« Was diese Teile alles gesehen haben. Alle unsere wilden Zeiten. 25 Jahre gemeinsamer Wahnsinn.

Heute sind wir schon ein bisschen ruhiger geworden, treffen uns an den Wochenenden zum Grillen oder zum Kaffeetrinken. Manchmal wird es da auch noch ziemlich ausgelassen, aber wir rennen nicht mehr mit seiner selbstgebastelten Musikbox-Sänfte in Tracht irgendeinen Berg hinauf.

Wir sind wie Verrückte über Stunden hinaufgewandert und haben eine riesige Anlage mitgeschleppt, weil wir auf einer Hütte feiern wollten. Solche Ideen hatten Alex und ich früher. Die Ausgelassenheit von damals gönnen wir uns mittlerweile nur noch selten. Heutzutage genießen wir so oft wie möglich gemeinsame Wochenenden am Berg. Das macht uns beide wirklich glücklich. Diese Wärme ums Herz, wenn du gemeinsam im Winter mit den Skiern von Gipfel zu Gipfel Spuren durch den Tiefschnee ziehst. Dieser innere Frieden. Ganz oben zu stehen und diese Momente zusammen zu leben – das verbindet uns jedes Mal aufs Neue bis ins letzte Innerste.

Mit Asselito ist das anders. Wir bringen uns jeden Tag auf den neuesten Stand, nach wie vor, hat sich über die Jahre so eingebürgert. Und wenn es nur ein kurzes »Hey, alles gut?« ist und als Antwort ein Daumen nach oben retourkommt. Er saß eines Tages zu Studentenzeiten neben Alex im Café Cottage im 19. Bezirk. Die beiden waren gemeinsam auf der Wirtschaftsuni inskribiert und eigentlich zum Lernen im Lokal. Das war in Wirklichkeit aber nur ein Vorwand, anstatt Bücher zu wälzen haben sie nämlich stundenlang Backgammon gespielt.

Zwischen Asselito und mir hat sich nach diesem ersten Aufeinandertreffen mit der Zeit eine enge Freundschaft entwickelt. Durch Zufall haben wir später sogar im selben Haus gewohnt. Ich war damals auf der Suche nach einer neuen Wohnung und als ich eine der Anzeigen durchsah, dachte ich mir: »Hey, dieses Stiegenhaus kenn ich doch.« Ja und dann war es tatsächlich dasselbe Haus, indem auch Asselito lebte.

Ich zog dorthin und wir hatten eine Art WG, nur halt mit zwei Wohnungen übereinander. Eine Wohngemeinschaft für Erwachsene, so könnte man es nennen. Jeder hatte seinen Rückzugsort, aber im Grunde standen die Türen für den anderen immer offen. Wir haben uns sogar einen Flaschenzug gebaut und uns so Zigaretten und

Zucker in einem Körbchen auf- und abgeschickt. Wir hatten zu der Zeit auch beide Hunde und haben immer gemeinsam unsere Gassi-Runden gedreht. Kurzes SMS und schon ging's los.

Dann kam mein Krebs. Und Asselito war vom ersten Moment weg sehr mitfühlend, weil er mit zwanzig selbst daran erkrankt war. Er wusste, wovon die Rede war und noch dazu hatte er eine Freundin an diese Scheißkrankheit verloren. Er hat sich täglich um mich gesorgt, ganz groß, hat mich morgens und abends im Spital besucht und hat für mich alles erledigt, was ich in der Zeit selbst nicht erledigen konnte oder für mich besonders beschwerlich war.

Jetzt verstehst du vielleicht, was ich meine, wenn ich sage, dass diese drei Menschen für mich alles sind. Nicht mal, als die drei ihre eigenen Familien gegründet haben, hat uns das voneinander entfernt. Nora hatte schon länger ein Kind, als Alex mir erzählte, dass er Vater werden würde. Kurz darauf, ein paar Wochen später, kam Asselito mit der gleichen frohen Botschaft ums Eck.

Ich habe mich für beide damals maßlos und irrsinnig gefreut, aber ich musste auch ein bisschen schlucken und ein bisschen weinen. Ich dachte kurz, ich hätte jetzt all meine Freunde verloren und sobald die Kinder da wären, würden sie auf mich vergessen. Aber das hat nicht gestimmt, nicht mal im Ansatz. Ja, gut, unsere Aktivitäten wurden andere und die Zeit, die wir gemeinsam verbringen, hat sich vielleicht ein bisschen verringert, aber im

Herzen ist alles gleichgeblieben und das Gefühl füreinander ist nach wie vor da.

Aber Freundschaften kommen nicht einfach aus dem Nichts. Und Freundschaft bedeutet auch mehr als zum Geburtstag beim anderen anzurufen und ein geiles Geschenk für ihn oder sie zu haben. Es ist ein viel, viel größeres Gesamtpaket aus Respekt, Ehrlichkeit, Spaß, Wertschätzung, Zeit, aus schönen und nicht so schönen Momenten. Irgendwann werden Freundschaften natürlich bis zu einem gewissen Grad selbstverständlich, im Sinne von: Man hat schon so viel miteinander erlebt und durchgemacht, dass beide Seiten wissen, komme was wolle, das stehen wir durch, möglicherweise mit ein paar Streitigkeiten und unangenehmen Momenten, aber wir stehen das gemeinsam durch. Gemeinsame Erlebnisse verbinden einfach. Und echte Freundschaften halten auch viel aus, aber eben nicht alles.

Trotz aller Beständigkeit und Loyalität darf man die Verbindungen zu den Menschen, die einem so richtig am Herzen liegen, nie als gegeben annehmen. Auf Dauer geht sich das einfach nicht aus. Du musst dich um deine Freundschaften kümmern. Warte nicht darauf, dass dich jemand anruft, um mit dir auf einen Kaffee zu gehen – lade die Menschen ein, mit denen du gerne Zeit verbringst, bring dich aktiv in deren Leben ein, zeig dich interessiert an dem, was sie beschäftigt und wenn sie ein Problem haben, hilf ihnen so gut du kannst.

Sag den Menschen, die dir wichtig sind, wie lieb du sie hast. Und sag's ihnen immer und immer wieder. Hey, Moment!! Hast du dir gerade gedacht: Ja, ja, sollte ich echt mal wieder machen? Stopp, stopp, stopp! Nicht irgendwann! Jetzt gleich! Nimm dein Handy in die Hand, geh dein Telefonbuch durch und schreib all den Leuten, die dir wichtig sind, ein paar liebe Zeilen, Bussi-Emoji hinten dran und ab die Post.

Wenn nichts mehr hilft: Heul doch!

Ich erinnere mich gerne an unsere Erlebnisse auf Karpathos, einer überschaubar großen griechischen Insel, auf der knapp 6.300 Menschen leben. Wir, etwa 15 Leute, mal weniger, mal mehr, fliegen jedes Jahr zum Windsurfen dorthin. Wir buchen uns immer bei der Windsurfstation ein, wo es drei Buchten gibt: eine für Anfänger, eine für Fortgeschrittene und eine für Profis. Sprich: Weniger Wind, viel Wind, ganz schön viel Wind. In keiner der drei hat man die Haare schön.

Dieser Ort ist nicht besonders schön, aber magisch und hat das türkiseste Wasser der Welt. Er liegt ein paar Meter vom Flughafen entfernt, was zunächst total mies klingt, aber de facto landen dort eher selten Flugzeuge und meistens nur so kleine Dinger, dass es im Grunde ganz egal ist.

Als wir anfingen, jedes Jahr hierher zu fliegen, bestand der Flughafen überhaupt nur aus einem Zaun und einer Bambushütte. Heute haben sie zumindest schon zwei Förderbänder fürs Gepäck. Aber ich mag diese intime, familiäre Atmosphäre auf der Insel. Die Dame vom Autoverleih zum Beispiel hat jedes Mal Geschenke für uns, wenn wir kommen: Hübsche Ketten, süße Tassen und Schüsseln.

Nach einem netten Plausch fahren wir dann mit dem Mietwagen los: Rein in den Flughafen-Kreisverkehr, fünfzig Meter geradeaus, einmal rechts abbiegen auf eine nicht asphaltierte Straße und eine Minute später sind wir bei unserer Unterkunft. Am Luvsport, dort, wo die Sonne untergeht und wir die Abende ausklingen lassen, gibt es nichts außer einen abgefuckten Wohnwagen, aus dem der 80-jährige Manolis »Mythos«, das landestypische Bier, und Salzkartoffeln verkauft, mit Salz, das er aus den Mulden der Steine am Strand schabt. Manolis schaut aus wie ein verwahrloster Marathonläufer, zaundürr und ausgetrocknet mit wirrem Haar und einem sehr schnellen Mundwerk. Da kann ein Begrüßungsbussi durchaus mal in der Mitte platziert werden...

In der Station selbst findet man noch einen superkleinen Kiosk, wo man Zigaretten bekommt und Kekse als Snack für untertags.

Und nirgendwo hast du Handyempfang. Großartig ist das, zwei Wochen lang für nichts und niemanden erreichbar zu sein, außer für die eigenen Wahrnehmungen.

Du musst dir das dort alles so richtig kitschig vorstellen. Wenn die Sonne untergeht, glitzert ihre Spiegelung in den Wellen des Wassers und dann taucht sie alles in ein sanftes Orange und in ein warmes Wohlfühlrot. Und der Abendwind weht beziehungsweise fegt dir lauwarm um den Kopf. Das Leben dort empfinde ich immer so intensiv und schön.

Woran genau es liegt, weiß ich nicht. Es muss aber sehr viel mit dem Zauber dieses ganz bestimmten Ortes zu tun haben.

Tagsüber sind wir immer am und im Wasser, wir surfen und schwimmen. Abends essen, trinken, reden, lachen und philosophieren wir am Strand über das Leben, während die Kinder Indianer spielen. Räuber und Gendarm. Oder was auch immer. Sie laufen jedenfalls zickzack mit ihren kleinen Füßchen durch den warmen, griechischen Sand und jubeln ihre innere Freude nach außen in die milde Luft.

Und zwischen all den wunderbaren und glücklichen Menschen sitzt du und denkst dir: What the fuck! Bin ich unter allen hier jetzt wirklich die einzige, die das nie erleben darf? Die nie erfahren wird, was es heißt, Mama zu sein? Deren weiße Wände nie fettige Schokoladenfingertapser zieren werden und die am Muttertag keine selbstgebastelten Karten bekommt, wo man stundenlang rätselt, ob das Gemalte jetzt ein Flamingo oder ein Feuerwehrauto ist und man sich schlussendlich dafür entscheidet, es einfach wunderbar zu finden, es einrahmt und im Wohnzimmer aufhängt?

Ich werde also nie mitbekommen, wie so eine Mini-Version von mir aussehen könnte und werde nie Sätze sagen dürfen wie: »Das hat er oder sie von mir!« In dem

Moment ist es mich überkommen und mir sind die Tränen lautlos über die Wangen gekullert. Ich habe geweint, weil ich es so unglaublich schade fand, dass dieser Teil nie zu mir und meinem Leben gehören sollte.

Weinen ist so wichtig. Wie das Reden. Es muss raus, was dich belastet und was dir nicht guttut – über Worte oder Tränen, aber löse dich von dem, was dich belastet. Die meisten trauen sich nicht, zu weinen, vor allem nicht vor anderen, weil sie glauben, damit zeigen sie Schwäche. Das ist wieder wie mit dem Reden. Sie glauben, wenn sie sagen, dass sie Angst haben oder dass sie etwas bedrückt, dass jemand da draußen glauben könnte, man hätte auf irgendeine Art und Weise versagt.

Aber wenn du weinst, bedeutet das nicht, dass du eine zerbrechliche Seele bist, die zu schwach ist, um über den Sorgen zu stehen. Es bedeutet auch nicht, dass du dich nicht im Griff hast oder überempfindlich bist. Es bedeutet viel eher, dass du ein offener Mensch bist, der mutig genug ist, all seine Facetten nach außen zu tragen, der keine Maske braucht und sich nicht hinter irgendwelchen Attitüden versteckt.

Weinen ist etwas Schönes. Und es befreit dich von Emotionen, die dir ein Magengeschwür verschaffen, wenn du sie nicht rechtzeitig loswirst. Weinen setzt außerdem Hormone und Botenstoffe frei, die zur Schmerzlinderung dienen. Bitte, ist erwiesen. Einer, der sich intensiv mit dem Weinen auseinandersetzt, ist der Japaner

Hidefumi Yoshida, der sich selbst als Tränen-Doktor betitelt. Laut ihm ist der Schlüssel zu einem stressfreien Leben regelmäßiges Weinen, neben ausreichend Schlaf, viel Lachen, wohltuenden Massagen und einem ordentlichen Pensum an Ausdauersport.

Er empfiehlt, sich einmal die Woche hinzusetzen, traurige Musik anzuhören oder berührende Filme anzuschauen und zu heulen. Ich halte von diesem Zwangsweinen jetzt nicht unbedingt viel, aber die Quintessenz von dem Ganzen stimmt für mich schon: Weinen kann extrem befreiend sein, wenn einem mal einfach alles zu viel wird.

Was ich aber auch gelernt habe: Dass man nie allzu lange in solchen tristen und traurigen Bäh-Stimmungen verharren sollte. Denn in Momenten wie diesen entscheidet sich, wie es weitergeht und wer am Ende den Ton angibt: Dein Schicksalsschlag oder du.

Da gibt es ja diesen Spruch, den kennst du bestimmt: Du kannst die Wellen nicht anhalten, aber du kannst lernen, auf ihnen zu reiten. Ja, schon ein bisschen abgedroschen, Kategorie Stammbucheintrag, und ich würde mir den Sager jetzt nicht unbedingt als Schriftzug übers Bett hängen, aber er bringt die ganze Sache trotzdem ganz gut auf den Punkt: Lässt du zu, dass irgendwelche äußeren Umstände die Zeit, die du hier auf dieser Erde verbringst, schlechtmachen? Willst du, weil dich das Leben prüft, sagen, dass es deshalb keinen Sinn mehr macht?

Ja, klar, all die Verluste, Krankheiten und Unfälle, die mir passiert sind, haben mich natürlich irgendwo zurückgeschmissen beziehungsweise haben mich dazu gezwungen, zumindest für einen Augenblick innezuhalten, um gleich darauf alle vorhandenen Kräfte zu mobilisieren. Und in dem Moment, wo einem dieser ganze Scheiß widerfährt, wünscht man sich natürlich, dass einem das ganze Trara erspart bleiben könnte, vor allem, wenn man eh schon eine elendslange Liste an Herausforderungen abgearbeitet hat.

Aber im Grunde ist das Leben viel zu super, als dass ich wegen einem Problem dazu bereit wäre, auf meiner Freude-Skala Abstriche zu machen. Sicher, in jeder Situation, die nicht schön ist, könnte ich mich gehen lassen, mir selbst und allen anderen leidtun. Die Leute würden mir Blumen bringen und Schokolade und Wein. Und sie würden sagen: »Susi, du arme Maus, was du alles mitmachen musst. Das hast du echt nicht verdient! Eine Schweinerei ist das!« Und ich würde meine Unterlippe vorschieben, mit leidiger Miene nicken und wir würden Stunden damit verbringen, uns zu fragen, wie ein Mensch das alles ertragen kann.

»Welche Challenge wohl als nächstes auf mich wartet? Was hat das Schicksal dieses Mal in petto?«, würde ich sagen und meine Freunde würden mir mitfühlend die Schulter tätscheln und ratlos mit ihren zucken.

Ich kann mir aber auch bewusstmachen, dass Jammern nichts verändert, sondern nur kostbare Zeit stiehlt. Ich kann stattdessen rausgehen und leben. Und das Leben mit all seinen Herausforderungen, Einschränkungen, Provokationen, Schwierigkeiten und Problemen genießen. Klingt im ersten Moment vielleicht ein bisschen widersprüchlich. Aber es gibt nicht nur Schwarz und Weiß.

Schau, mein Schädel-Hirn-Trauma hat mir den allerallerbesten Freund beschert, den man sich vorstellen kann und es hat mich in meiner Persönlichkeit ordentlich geerdet. Mein kaputter Finger hat mir auch einen weiteren guten Freund beschert und meinem Knöchel verdanke ich mein »Fick dich«-Tattoo und in weiterer Folge ein ganzes Unternehmen, das sich daraus ergeben hat.

Irgendwo in diesem Buch habe ich es schon mal gesagt, vermutlich schon öfter, aber es ist so wichtig, dass ich es an dieser Stelle wiederhole: Kein Nachteil ohne Vorteil.

Nimm den schönen Uli her. Der schöne Uli war nämlich nicht immer der schöne Uli, er ist es erst seit einem heftigen Magen-Darm-Virus, der ihn für knapp eine Woche außer Gefecht gesetzt hat und er genauso lange nicht wirklich etwas essen konnte.

Jeder, der so etwas schon mal hatte, weiß: Die ersten Tage kommt es sowieso vorne wie hinten gleichzeitig raus und auch danach fängt dir zu grausen an, wenn du auch nur in die Nähe von Essen kommst. Was bei ihm dazu führte, dass sein süchtiger Griff in den Kühlschrank eine Zeit lang komplett aussetzte, das wiederum ließ seinen Magen etwas schrumpfen und legte scheinbar auch einen Schalter in seinem Hirn um.

Er hat insgesamt zwanzig Kilo nachhaltig abgenommen, hat ein neues Körpergefühl entwickelt, ist super stolz auf seine Leistung und rundum glücklich. Und was lernen wir daraus? Sogar eine Scheißerei kann ziemlich viel Positives für dich bewirken. Das Leben hält neben dem ganzen unangenehmen Zeug echt viele Wunder, Geschenke, Glücksmomente und schöne Überraschungen bereit.

Du musst nur hinsehen! Warte, ich zeig es dir. Komm, lass uns ein kleines Spiel spielen, um deinen Blick dafür ein bisschen zu schärfen. Das Spiel geht so: Ab sofort kehrst du eine Woche lang jeden Nachteil ganz bewusst in einen Vorteil um. Wirklich jeden! Nicht schummeln! Egal, was dich ärgert, traurig macht oder verzweifeln lässt und wenn es noch so eine kleine Kleinigkeit ist, die dich in eine negative Stimmung versetzt: Versuche, das Positive daran zu sehen.

Du verlierst deinen Job? Juhu, du hast die Chance, dich weiterzuentwickeln und eine neue Aufgabe zu finden, die deinem momentanen Ich mehr entspricht, vielleicht auch noch mehr Kohle bringt und in jedem Fall neue Kontakte und neue Impulse.

Dein Partner hat Schluss gemacht? Juhu, in deinem Leben ist Platz für jemanden, der (noch viel, viel) besser zu dir passt. Und wenn der nicht gleich ums Eck kommt, hast du Zeit, all die Sachen zu machen, die in der Beziehung vielleicht zu kurz gekommen sind. Das sind jetzt schon die Oberliga-Beispiele.

Das mit dem Sich-Ärgern fängt im Alltag ja meistens viel früher an. Wenn der Fernseher eingeht oder der Nachbar nervt, weil er jeden Abend laut Musik hört. Manchmal ist es auch einfach egal. Dann geht der Fernseher eben nicht und dann soll der Nachbar halt laut seine Lieblingscharts rauf und runter hören. Ja, hey, davon geht die Welt auch nicht unter. Durchatmen, weitermachen.

Aber ja, das weiß man, das weißt auch du, dass es Schlimmeres gibt, aber wenn man im Alltag feststeckt, nerven einen oft auch solche Situationen sehr. Kommt vor, kenne ich eh auch, keine Sorge. Deshalb: Mach die Nachteil-Vorteil-Übung konsequent eine Woche lang, auch bei noch so belanglosen Szenarien findet man unzählige Vorteile, wenn man sich darauf konzentriert. Und ich verspreche dir, das Gedankenspiel bewirkt echt viel. Es wird dir bewusst, über wie viel Scheißdreck du dich aufregst, der die Gedanken gar nicht wert ist.

So, und bevor du damit startest, die Vorzüge in allem zu sehen, das dir widerfährt, habe ich noch jemanden für dich, die du dir als Vorbild nehmen kannst: Turia Pitt, eine australische Ingenieurin, Aktivistin, Sportlerin und eine unglaublich beeindruckende Frau. 2011, mit 24, hatte sie an einem hundert Kilometer langen Ultramarathon in Westaustralien teilgenommen. Dort wurde sie von einem Buschfeuer eingeschlossen. 60 bis 65 Prozent ihrer Haut verbrannten, fast ihr ganzer Körper ist heute entstellt. Direkt nach dem Unfall war unklar, ob sie aber überhaupt überleben würde.

Sie lag zwei Monate lang im Koma, verbrachte insgesamt zwei Jahre im Spital, musste 200 Operationen über sich ergehen lassen, verlor fünf ihrer Finger und konnte anfangs nicht mal ohne Hilfe stehen.

Fünf Jahre später hat sie an den Ironman-Läufen auf Hawaii teilgenommen. Sie postete damals ein Foto vom Zieleinlauf auf ihrer Twitter-Seite. Darunter schrieb sie ein einziges Wort: »done«, also »geschafft«. Man darf nicht aufgeben, man muss für die beste Version seines Lebens kämpfen und immer nach vorne schauen.

Turia Pitt ist der absolut beste Beweis dafür, dass Hartnäckigkeit, Zuversicht und der Wille, etwas verändern zu wollen, echt was bewirken und man immer ja zum Leben sagen sollte. Ja, ja, jaaaaa!

Warum du das Leben feiern und keine Party auslassen solltest

Coole Partys können echt was! Ich habe schon immer gern gefeiert, am liebsten bis zur Sperrstunde und wenn möglich darüber hinaus. Selbst wenn schon wieder die Sonne aufging, habe ich oft noch sehr hartnäckig versucht, den Barmann dazu zu überreden, noch ein bisschen länger offen zu lassen.

»Noch eine schnelle Runde«, habe ich gesagt.

Und 15 Minuten später: »Komm, noch eine! Jetzt ist es auch schon wurscht.«

Ich finde, wir alle sollten öfter und mehr feiern. Jeder von uns. Das Leben und die Tatsache, dass es Geschirrspüler und Glühbirnen gibt. Oder eben Geburtstage. Spontan, geplant, ohne Motto, mit Motto – Hauptsache, man verwahrlost nicht daheim auf der Couch, auch wenn die manchmal natürlich durchaus ihre Reize hat.

Ich kann dir Verkleidungspartys empfehlen. Meine erste habe ich zu meinem 40er veranstaltet. Thema: Audrey Hepburn und Dean Martin. Und tatsächlich sind alle im hübschen Abendkleid oder im Smoking gekommen und haben sich irrsinnig viel Mühe gegeben, gut auszusehen. Es gab süffigen Gin Tonic und Käse-Igel, wie sie in den 60er- und 70er-Jahren in waren.

Ich schmeiße Partys nicht, weil ich irgendwie großartig geil darauf wäre, im Mittelpunkt zu stehen und mich bejubeln zu lassen, sondern weil sich Geburtstage eben gut anbieten, um ein Fest auszurichten und alle Menschen, die man mag, zusammenzubringen. Montage bieten sich dafür aber eigentlich genauso gut an.

Wenn ich dir sage, man sollte jede Chance im Leben nutzen, um zu feiern, muss ich mich auch selbst dranhalten. Also mache ich demnächst eine Montagssause, ja, warum eigentlich nicht?

Oder, wenn du planst, demnächst dein altes Auto zu verkaufen oder zu verschrotten: Fahr damit noch einmal durch den Drive-in einer Fastfood-Kette und schmeiß in deiner Karre eine Burger-Party mit so vielen Leuten, die in einem Auto eben Platz haben.

Man kann auch die neu gekauften Schuhe zelebrieren, muss man eigentlich fast. Oder die Tatsache, dass man sich ohne Probleme einen neuen Kühlschrank kaufen kann, wenn der alte plötzlich eingeht. Ist nichts, was selbstverständlich ist.

Ob runder Geburtstag von dir oder deinem Postler, Winteranfang, Winterende oder Anti-Diät-Tag (6. Mai!): Feiern, feiern, feiern! Dabei geht es nicht darum, sich jedes Mal bis zur Besinnungslosigkeit zu besaufen, es kann auch ein spontanes, kurzweiliges Happening sein, wenn nicht mehr Zeit da ist, wo man mit seinen drei besten Freunden zusammensitzt, eine Flasche was auch immer trinkt und Schwachsinn redet.

Es geht darum, sich darüber zu freuen, dass da endlich wieder ein bisschen Action stattfindet, die einen aus dem Alltag rausholt, der meistens eh nicht so viele Juhus bietet, beziehungsweise muss man sich die Juhus einfach selbst schaffen, sonst macht es kaum jemand für einen. Aber selbst das Gegenteil von Juhu lässt sich befeiern mit dem richtigen Zugang. Als mein erster Hund Yukon eingeschläfert wurde, weil er schon seeeeehr alt war, hat Alex meinen Freundeskreis zusammengetrommelt und wir haben daheim Champagner getrunken, stimmungsvolle Musik gehört und uns an die lustigen und schönen Erlebnisse mit Yukon erinnert, während der Tierarzt ihm die Todesspritze gesetzt hat und er ein paar Atemzüge später in unseren Armen von uns gegangen ist.

Das war ein echt würdevoller Abschied. Und ich war traurig, schrecklich traurig, ich habe mich elend gefühlt, aber was wäre die Alternative gewesen? In irgendeine Praxis zu gehen und meinen Hund auf einem dieser kalten Metalltische liegen zu lassen. Unvorstellbar für mich.

Nicht vorhandener Platz ist neben wenig Zeit und dem vermeintlich nicht vorhandenen Anlass auch keine Ausrede, keine Feier zu veranstalten. Ich habe mal zu einer

»Party in a box« eingeladen. Da waren dann an die hundert Leute bei mir daheim in meiner fünfzig Quadratmeter großen Wohnung. Dezent eng, wie du dir vorstellen kannst, mit vorne, hinten, oben, unten, links und rechts Körperkontakt. Aber jeder hatte Spaß und wir haben bis in die Morgenstunden durchgehalten.

Deshalb: Such nicht nach Vorwänden und Ausflüchten, warum du die nächste Party auslassen musst, sondern geh so oft wie möglich raus. Am besten immer, wenn sich dir die Möglichkeit dazu bietet. Brezel dich auf, sprüh dich mit deinem teuersten Parfüm ein und ab geht die Luzi! Da draußen wartet so viel auf dich. Natürlich findet man nicht täglich an jeder Ecke irgendeinen Hauptgewinn, stimmt schon, aber muss ja nicht immer gleich der Lotto-Sechser sein, damit etwas gut ist.

Und ich glaube, mittlerweile weißt du, dass vermeintlich blöde Situationen und tatsächlich blöde Situationen auch viel Schönes in sich tragen können – sofern man seinen Fokus darauf richtet. Und manchmal kommen sie im ersten Moment ziemlich unspektakulär daher, die Geschenke des Lebens, und entpuppen sich erst mit ein bisschen Anlauf als großes Glück.

Ich wurde von meiner Freundin Nina zum Birthday-Essen im Steman eingeladen. Ein urtypisches und gutes Wiener Wirtshaus im sechsten Bezirk. Falls du mal Lust hast auf ordentliche Hausmannskost, bestell dir dort unbedingt das ausgelöste Backhendl mit Erdäpfelsalat. Kann ich echt empfehlen! Oder, wenn du nicht gerade auf Aufriss bist, Krautfleckerl.

Die hatte sich auf der Party mein Feier-Sitznachbar bestellt. Haben sehr appetitlich ausgeschaut. Und sie haben intensivst gerochen. Als Vorspeise hatte er Zwiebelsuppe. Gewagte, mutige Kombi, wenn du mich fragst.

»Mahlzeit!«, sagte ich, als der Kellner ihm den Teller Krautfleckerl servierte. »Da geht heute aber nichts mehr!«

»Hm? Was?«, erwiderte Christian, ein Fotograf, den ich vom Sehen her kannte und dessen Arbeiten mir schon immer sehr, sehr gut gefallen hatten. Und jetzt beobachtete ich ihn aus der Nähe, als er die Fleckerl auf seine Gabel lud. Mir fiel da zum ersten Mal auf, wie maskulin er war und dass an ihm alles ziemlich groß und breit war: Seine Ohren, seine Stirn, seine Nase, seine Hände und überhaupt sein Körper, den er in eine Jeans und ein T-Shirt mit V-Ausschnitt gekleidet hatte.

»Na, schmusen oder so, mein' ich. Mehr stinken geht nach dem Mix aus Krautfleckerl und Zwiebelsuppe ja fast nicht!«, erklärte ich meinen Witz und eröffnete damit quasi einen verbalen Schlagabtausch, den wir uns den ganzen Abend lang lieferten und den ich unsagbar amüsant fand. Sein Humor und seine Kreativität gefielen mir.

»Komm, wir schauen noch ins ›Barflys‹, auf einen oder zwei Drinks«, schlug Christian schließlich vor.

»Ja, klingt gut! Ich bin dabei!«, antwortete ich.

Später in der amerikanisch angehauchten Hotelbar füllte er mich mit wer weiß wie vielen Cocktails ab. Sie waren alle mit Minze gemacht, sahen aus wie flüssiger Spinat und tranken sich locker wie ein Softdrink. Wir saßen auf Hockern am Tresen, prosteten uns zu und lachten viel. Worüber, das weiß ich gar nicht mehr. Und am nächsten Tag war ich dezent hinüber. Es war ein lustiger, entspannter Abend, den wir miteinander verbracht hatten. Mehr nicht. Ich war zu dem Zeitpunkt nicht bereit und offen für einen Freund, aber ich mochte seine Gesellschaft, seine Gegenwart, die gescheiten Gespräche mit ihm und die Tatsache, dass er früher BMX-Staatsmeister gewesen war, weil wir dadurch diese Bike-Connection hatten.

Mein bester Freund Alex meinte, ich soll mir nichts antun und mir nichts scheißen, nicht so viel drüber nachdenken, sondern einfach die Zeit genießen. Also habe ich mich immer wieder bei Christian gemeldet, wenn ich unterwegs war. Vollkommen unverbindlich.

Ich habe ihm geschrieben, ob er nicht auch Bock hätte, vorbeizukommen und dazuzustoßen, was er dann meistens tat. Und daneben gab es auch abendliche Fixtermine, wenn du so willst, wo einfach beide wussten, dass der jeweils andere auch dort sein würde, war nicht irgendetwas Großartiges dazwischengekommen. Besuche im Techno Café im Volksgarten im Sommer am Dienstag waren solche Fixtermine.

»Ich werde dann gehen. Kommst du mit?«, meinte er irgendwann gegen 23 Uhr, oder war's kurz vor oder sogar schon nach Mitternacht? Jedenfalls hatte ich sicher schon meine dritte oder vierte Runde gedreht, alle gesehen, die da waren, mich mit vielen unterhalten und war mir sicher, nicht mehr wirklich was zu versäumen.

»Hm, ja, okay«, sagte ich deshalb, nahm den letzten Schluck von meinem Gin Tonic und verabschiedete mich schnell von meinen Freunden, ehe wir aufbrachen.

»Ich habe mir gedacht, wir fahren noch eine Runde und hören Musik, bevor ich dich nach Hause bringe! Was hältst du davon?«, schlug Christian vor, als wir uns zu ihm ins Auto setzen.

»Super Idee! Lass uns das machen«, antwortete ich, während ich mich am Beifahrersitz anschnallte.

Christian startete den Motor und drehte das Autoradio auf. Seine Soundcloud-Listen haben mir auf Anhieb richtig gut gefallen. Wir sind den Ring entlanggefahren, raus aus der Stadt zum Flughafen, vorbei an den vielen Lichtern der Raffinerie in Schwechat und wieder zurück. Und irgendwo auf der Strecke, ich weiß gar nicht mehr, ob es beim Hin- oder Retourfahren war, meinte er dann: »Na ja, in Sachen Musik wären wir schon mal kompatibel.«

Und ich dachte mir daraufhin: Hey, ja, das hier ist nicht uninteressant. Da ist was.

Ja, und dann hat eins zum anderen geführt, wie das halt so ist, wenn man einander gut findet und aufeinander steht. Es gab den berühmten Lass-uns-Video-schau-en-Abend und ab dem Zeitpunkt waren wir zusammen und haben nie wieder nicht nebeneinander geschlafen.

Das große Glück kommt. Auch wenn du es anders erwartest

»Lass uns den Trip doch bitte einfach verschieben«, hatte ich Christian besorgt nahegelegt. Wir wollten zwei Tage nach Heiligabend nach Paris fliegen, hatten schon alles gebucht, aber er lag am 24. komplett blass und mit vierzig Grad Fieber unterm Baum. »Kann man nichts machen. Wenn man krank ist, ist man krank«, sagte ich, die, die selbst so gut wie nie Ruhe geben kann. Aber wenn es um andere geht, bin ich scheinbar irgendwie umsichtiger und besorgter.

»Kommt nicht infrage!«, meinte er trotzig, während er sich zum gefühlt 345. Mal schnäuzte und leise vor sich hin röchelte.

»Jetzt sei bitte, bitte nicht so unvernünftig! Paris läuft uns ja nicht davon. Du tust geradezu so, als wäre das unsere einzige Möglichkeit, die Stadt zu sehen.«

»Wir fliegen! Wir fliegen ganz, ganz sicher! Du weißt, Asselito hat uns extra einen Tisch für ein Abendessen reserviert. Das lassen wir uns jetzt nicht entgehen. Das wäre unhöflich und ewig schade drum. Pack deinen Koffer!«

»Na, wenn du meinst…«, sagte ich irgendwann, um die Diskussion zu beenden, anstatt sie weiter anzufachen. Ich merkte, dass Christian wild entschlossen war, nach Frankreich zu reisen, komme, was wolle, und dass ich mit meinem Vernunfts- und »Ich mach mir Sorgen um dich«-Denken da eh keine Meter haben würde.

So war es dann auch. Zwei Tage später saßen wir tatsächlich beim feinen Dinner im ersten Stockwerk des Eiffelturms, auf das Asselito uns eingeladen hatte. Christian war noch immer ein bisschen blass, aber weitaus besser aufgestellt als noch zu Heiligabend.

»Auf Asselito!«, sagten wir uns und haben mit feierlicher Miene auf den Abend angestoßen. Wir genossen den tollen Blick über das nächtliche, winterliche Paris. Super romantische Atmosphäre, draußen – und drinnen im Lokal passierte ein Heiratsantrag nach dem anderen. Da waren die Ringe versteckt in der Nachspeise, in der Vorspeise, in Champagner-Gläsern, rechts, links, oben, unten, hinten, vorn, überall. Und jedes Mal, wenn jemand »Ja« sagte, applaudierte das ganze Lokal und von jeder Ecke hörte man beseelte »Aaaaahhh«- und »Oooooh«-Rufe. Dauerjubeln.

Wir haben uns irgendwann ein Spiel draus gemacht, uns überlegt, wie alt die Paare sind, wo sie sich kennengelernt haben und seit wann sie zusammen sind. Wir haben auch vorab versucht, zu erraten, ob der Ring in der Zwiebelsuppe schwimmt, im Baguette mitgebacken wurde oder auf einem Garnelenschwanz aufgespießt daherkommt. Nicht mal so ohne, diese ganze Verlobungsprozedur beim Essen. Ist sie zu gierig, ist der Ring futsch...

Nach dem Essen wollte Christian unbedingt noch rüber zum Trocadero.

»Geh, bitte, Christian, dir geht es vielleicht schon besser, aber du bist sicher noch nicht zu hundert Prozent fit. Und es ist schweinekalt! Deshalb lass uns doch einfach zurück ins Hotel gehen, bitte!«, seufzte ich.

»Nur kurz. Komm! Ich war mit 16 mit dem Motorrad dort, ich habe dir das Foto gezeigt. Da möchte ich jetzt nochmal hin, in alten Erinnerungen schwelgen und schauen, ob es noch so aussieht wie damals«, sagte er und ging zielstrebig voraus.

Schnatternd und schimpfend bin ich neben ihm hergetapst bei gefühlt minus zwanzig Grad. Als wir dort waren, fand ich es auch super, muss ich zugeben. Der imposante Eiffelturm spiegelte sich im absolut ruhigen Teich, darüber ein Meer an Sternen. Der Anblick hätte nicht schöner sein können.

Christian kniete sich auf den Boden.

»Bist du verrückt?«, keifte ich laut. »Du warst gerade krank. Du holst dir hier den Tod, nur weil du irgendein super künstlerisches Foto machen willst! Ist das jetzt echt dein Ernst? Wirklich? Ich habe das Gefühl, ich rede gegen eine…« Und dann sah ich, dass er gar nicht sein Handy in der Hand hielt, sondern einen Ring. Als ich begriffen habe, was das bedeutet, habe ich sofort zu weinen angefangen. Er stellte mir die Frage und ich habe ein durch und durch überzeugtes »Ja!« geschluchzt, das aus vollem Herzen kam. Ich hätte es nämlich nicht besser erwischen können als mit diesem Mann.

Christian macht mein vierblättriges Menschen-Kleeblatt neben Asselito, Alex und Nora komplett. Christian schaut von außen so hart und groß und stark aus und hat aber den allerallerweichsten Kern der Welt. Er will dir immer nur Gutes tun, dich beschützen und er ist so wahnsinnig intelligent. Und genau diese einzigartige, wunderbare Mischung ist es, die mich so unglaublich glücklich macht. Er kann auch aufbrausend sein, aber vier Sekunden später siehst du aus seinen Augen dieses wahnsinnig warme und sanfte und wertvolle Herz leuchten. Er ist wie dieser Junge mit den Hosen, wo immer Geld drin war, diese schwedische Serie aus den 70er-Jahren. Bei Christian ist es statt der Kohle halt die Liebe, die ihm nie auszugehen scheint.

Mit ihm kann ich die besten Gespräche führen, über echt alles. Egal, was ich gerade zerdenke oder was mir im Kopf herumspukt – ich kann mit ihm darüber reden. Wir haben natürlich auch oft unterschiedliche Meinungen und dann diskutieren wir oft heftig darüber, aber genau das macht es so großartig, weil uns das beide in unserer Persönlichkeit wachsen und reifen lässt. Ja klar, es gibt auch Momente, wo entweder ich oder er auf die Couch auswandern, in absoluter Überzeugung, die Nacht angepisst im Wohnzimmer zu verbringen. Aber das dauert meistens genau eine Viertelstunde, bis einer kommt und sagt: »Komm doch ins Bett, Schatz!« Dann ist wieder alles gut.

Am 8. Juli 2017 haben wir geheiratet. Und zwar in Belgrad, aus mehreren Gründen: Erstens hat Christian seine Wurzeln dort. Zweitens waren wir auf so vielen Hochzeiten hier in Österreich, dass die guten Locations schon längst aufgebraucht waren. Drittens kostet es richtig fett Knödel, wenn du hierzulande geil Hochzeit feiern willst. Viertens kommen Christian und ich aus der Kreativbranche, weshalb uns klar war, dass wir aus der ganzen Sache ein richtig großes, abgefahrenes Ding machen und nicht einfach nur ein bisschen heiraten wollten.

Deshalb: Ab nach Serbien. Mit dem Flugzeug bist du von Wien in einer Stunde dort, kostet dich circa 140 Euro und du erlebst einen unvergleichlichen Esprit. Alles ist wild und heiß und die Leute sind laut und hören auf der Straße Musik. In Österreich haben wir das nicht. Liegt vielleicht am Wetter, an den morbiden Genen oder an der Kaiserhaus-Vergangenheit, weil wir uns immer benehmen mussten.

Jedenfalls haben wir eine ausgelassene Dreitagessause gefeiert mit Blasinstrumenten in allen Größen und Gästen, die Geld geschmissen haben, weil der Brauch dort besagt, je mehr Kohle geworfen wird, desto mehr Glück erwartet das Paar in ihrem Eheleben. Ja und ich kann dir an zwei Händen aufzählen, wie viele Leute in dieser Zeit in Belgrad nicht gekotzt haben. Es war wie der geilste Ü40-Skikurs der Welt.

Dabei wollte ich gar nie heiraten. Ich fand ein Eheversprechen lange viel zu konservativ, viel zu bürokratisch, viel zu uncool und hatte keine Lust darauf, dem Staat so viel Mitspracherecht in meiner Beziehung zuzugestehen, sollte ich irgendwann beschließen, diese Beziehung nicht mehr fortsetzen zu wollen. Wen ginge das was an, außer niemanden? Außerdem haftete an dem Wort »Ehe« für mich ewig lange dieser Spießbürgertumsmief und dass viele es gar nicht erst hinterfragen, sondern einfach heiraten, weil man es eben macht. Dieser »Man macht das halt so«-Typ war ich nie.

Wann auch immer sich die Gelegenheit dazu bot, hielt ich inbrünstige Plädoyers aufs Nicht-Heiraten. Irgendwann eben auch vor Christian. Er hat es hingenommen, ohne es weiter groß zu kommentieren. Aber in mir hat meine eigene Aussage dann noch ziemlich lange gearbeitet. Ich musste an meine Freunde Patrik und Doris denken. Er hatte ihr sehr früh einen Antrag gemacht, einfach aus dem Grund, weil er eine eigene Familie haben wollte. Die beiden sind super und wild und lustig und alles andere als spießig.

Und mir wurde klar, was ich mir da bei Christian herausgenommen hatte, ihm zu sagen, wie affig ich Ehen fand und ich vielleicht seinen Wunsch damit ins Lächerliche gezogen hatte. Daraufhin habe ich mich bei ihm entschuldigt und langsam angefangen, die Idee vom Heiraten gar nicht mehr so blöd zu finden, sondern irgendwie süß.

Tja, wie sich Dinge ändern können, hm? Und wie Dinge oft so anders kommen, als man glaubt. Und manchmal auch sehr anders, als man es will. Es war für mich ein jahrzehntelanger Prozess, mir einzugestehen, dass, bloß weil ich mir etwas einbildete, ich nicht automatisch davon ausgehen konnte, dass es tatsächlich auch so eintreten würde.

Das fängt bei klitzekleinen Kleinigkeiten an. Beim ersten Date zum Beispiel, wo du glaubst, dass er anrufen muss und zwar genau dann, wann du es selbst für richtig hältst und so geht das dann von Treffen zu Treffen weiter und wenn irgendwas nicht nach dem persönlichen Drehbuch läuft, bist du total angefressen.

Der andere kennt sich überhaupt nicht aus, weil er nicht weiß, welches Programm gerade in deinem Kopf abläuft, weil du natürlich nicht mit ihm über deine Erwartungen sprichst, sondern willst, dass er es von selbst begreift. Achtung Spoiler: Das wird er nicht. Was stattdessen passiert: Du verwandelst dich in eine unentspannte Alte, wenn dir nicht ganz schnell bewusst wird, dass das der absolut falsche Zugang zum Leben ist.

Das gilt nicht nur für Beziehungen, sondern auch für alle anderen Bereiche des Lebens. Du kannst auch nicht davon ausgehen, dass dich alle Menschen immer ganz genau wahrnehmen und immer zu tausend Prozent verstehen und darauf Rücksicht nehmen, was sich in dir gerade abspielt.

Nimm dich bitte nicht so wichtig! Also versteh mich bitte nicht falsch, ich meine das nicht böse und klar bist du wichtig, aber nur weil jemand mal durch dich durchrennt und dich nicht sieht, ist er nicht gleich ein Arschloch und du bist deshalb auch nicht unglaublich arm. Andere Menschen haben auch ein Leben, voll mit Dingen, die sie beschäftigen und belasten. Und meistens hilft es, darüber zu reden, fair zu sein und offen zu sagen, was einem vorschwebt. Auch wenn es manchmal alles andere als leicht ist.

Wenn eine Tür zugeht, mach eine Weltreise!

Es gibt Momente in Beziehungen, die sind alles andere als geil. Wenn man dem anderen sagen muss, dass man nicht mehr will. Oder seinem Gegenüber erklärt, dass man keine Kinder kriegen kann. Das ist nicht die Art von Gespräch, die man unbedingt gerne führt.

Schon gar nicht, wenn eigentlich gerade alles schön, leicht und bunt ist und sich der Alltag viel lebendiger als sonst anfühlt – ganz so, wie es zu dem Zeitpunkt zwischen Christian und mir war.

Diese eine Sache hing allerdings wie eine kleine, graue Regenwolke direkt über mir und folgte mir überallhin. Ich fand, dass er wissen musste, was da los war, nur das wäre fair, aber gleichzeitig gruselte es mich vor diesem Gespräch.

»Hey, wir müssen reden«, sagte ich trotz innerlichem Widerstand eines Abends, noch ziemlich am Anfang unserer Beziehung. Ich setzte mich aufrecht und angespannt vor ihn hin. »Die Sache ist die... Wenn du gerne eine eigene Familie haben möchtest, bin ich vermutlich die Falsche dafür.« Ich schluckte, bevor ich weitersprach: »Ich kann nämlich keine Kinder bekommen. Du weißt schon, wegen der ganzen Krebs-Geschichte.«

So! Es war draußen und einerseits fühlte es sich bedrückend an, weil ich Angst hatte, ihn zu verlieren und andererseits fühlte es sich befreiend an, weil ich jetzt nicht länger das Gefühl hatte, ich würde ihm etwas vorenthalten oder gar verheimlichen. Die Karten lagen offen auf dem Tisch. Jetzt lag es an ihm, eine Entscheidung zu treffen und zu sagen, wie er damit umgehen wollte und konnte. Ich schluckte wieder, als ich merkte, dass er zum Reden ansetzte.

»Sicher habe ich mir für später irgendwann mal Kinder gewünscht«, sagte er, »ich will nicht lügen, aber ich will mit dir zusammen sein und das steht über allem anderen. Es kommt also überhaupt nicht in Frage, dass ich dich deshalb verlasse. Dann machen wir uns eben ein schönes Leben zu zweit und bereisen gemeinsam die ganze Welt.« Daraufhin fielen wir uns in die Arme und haben irrsinnig geweint.

Dann kam ein weiterer Moment, der unsere Beziehung auf ein Neues durchwirbelte. Und zwar folgender: Ich hatte einen Termin bei meinem Onkologen, als er sagte: »Frau Safer, wir sehen uns in einem Jahr wieder.« Ich hatte diesen einen Satz so unglaublich herbeigesehnt. Die paar Worte, die gar nicht so spektakulär klingen, bedeuteten nämlich, dass jetzt endlich wieder alles gut war. Davor musste ich mich alle drei Monate durchchecken lassen, irgendwann dann jedes halbe Jahr. Nach sieben Jahren dann endlich der große Augenblick.

Gefolgt von einer weiteren großen Frage:»Wie ist das mit Ihrem Kinderwunsch? Haben Sie den noch?« Ich zuckte mit den Schultern. Ich wusste nicht so recht, was ich darauf antworten sollte. Schließlich sagte ich:»Klar, wenn ich die Möglichkeit dazu hätte, ein Baby zu bekommen. Aber ich weiß ja, dass das nicht geht, weil das Risiko viel zu groß wäre.«

»Probieren Sie's!«

»Was?«

»Schwanger zu werden.«

»Wie jetzt?«

»Aus medizinischer Sicht spricht nichts mehr dagegen.«

»Aber?«

»Na ja, Sie sind jetzt 42 und hormontechnisch dürfen Sie aufgrund Ihrer Krankengeschichte nicht nachhelfen. Aber Sie können es ja trotzdem probieren.«

Als ich wieder daheim war, sprach ich mit Christian darüber.

»Das sind ja geniale Neuigkeiten. Sicher probieren wir es!«

»Und was, wenn es nicht klappt?«

»Dann klappt es eben nicht. Und dann können wir noch immer die ganze Welt bereisen. Aber einen Versuch ist es doch wert.«

Oder ein paar mehr. Wir gaben uns echt viel Mühe und haben alles ausprobiert, was uns Menschen von allen

Ecken und Enden an Tipps zugeflüstert haben. Da waren die Stäbchen, auf die ich pinkeln sollte, um zu schauen, wann mein Eisprung war. Dann gab es die Variante, bei der wir jeden Tag Sex haben sollten. Eine Challenge mit über vierzig. Wir sind jetzt zwar nicht faul und alt, aber müde und alt und machen es längst nicht mehr freiwillig täglich.

Dann wieder hat man uns gesagt: »Um Gottes willen! So wird das nichts! Da ist das Sperma ja nicht frisch genug...« Uff! Also stiegen wir um und hatten jeden zweiten Tag Sex.

Dann jeden vierten Tag, weil das für die Spermaqualität angeblich noch besser sei.

Ungelogen – wir haben so gut wie jede Variante durchexerziert. Also, so ziemlich... Denn die Bandbreite an Ratschlägen, was man tun kann, um seine Chancen auf eine Schwangerschaft zu erhöhen, ist groß: keine Tampons benutzen, Ziegenmilch trinken, während der fruchtbaren Phase nicht Trampolin springen, bei Vollmond sieben Mal rückwärts durch einen Steinring steigen, Friedhofsstatuen küssen, Analkorrekturen, bla bla bla. Diese Dinge haben wir ausgelassen, aber wir haben uns trotzdem echt ordentlich ins Zeug gelegt.

Ich war sogar bei einer kleinen Osteopathin, die mich mit französischem Akzent darum bat, mich bei ihr auf die Liege zu legen. Sie drückte mit konzentriertem Blick auf meinem Bauch herum, redete mit mir, redete mit meinem Körper und ich war schon total gespannt, was sie mir sagen würde.

»Da ist nichts«, sagte sie irgendwann.

»Wie, da ist nichts?«, sagte ich enttäuscht. Zwei meiner Freundinnen waren davor schon bei der Hexe, wie ich sie nannte, weil Kerstin und Nora mir die skurrilsten Geschichten über sie erzählt hatten. Ich bin keine Esoterik-Tante, überhaupt nicht, aber irgendwie haben mich ihre Erfahrungen neugierig gemacht. Bei ihnen hatte sie nach ein bisschen Herumgefummle die tiefsten Familiengeheimnisse gelüftet und Zukunftsprognosen erstellt, die auch wirklich so eingetreten sind. Und bei mir... Da war nichts!?

»Ihr Körper ist sehr stark und hat einen eisernen Willen.«

»Ich weiß«, erwiderte ich, noch immer ziemlich enttäuscht. Ich habe ein heftiges Schädel-Hirn-Trauma und Brustkrebs überlebt und noch ziemlich viele andere Sachen überstanden und weggesteckt. Dass mein Körper Kampfgeist hat, war jetzt bitte keine allzu große Neuigkeit für mich...

»Schmieren Sie damit täglich Ihren Unterbauch ein und kommen Sie in drei Wochen wieder«, meinte sie und drückte mir eine Flasche in der Größe eines Schnapsglases in die Hand. »Weihrauch-Öl« stand auf dem Etikett.

Hundert Euro und 21 Tage später saß ich wieder bei ihr in der Ordination. Nachdem mich diese paar Tropfen

Öl ein kleines Vermögen gekostet hatten, hatte ich mich auch sehr brav an ihre Vorgaben gehalten und jeden Tag gecremt, was das Zeug hielt.

Dieses Mal ging es dann zur Sache und sie hat mich von innen angeschaut.

»Oh, oui, Ihre linke Eierstock schläft«, murmelte sie, während sie mich bearbeitete, »isch werde ihn aufwecken!« Sie bepinselte ihn mit dem Rest von meinem Weihrauch-Öl und ich zog wieder von dannen...

Man nimmt oft echt viel in Kauf, wenn man sich etwas sehr wünscht. Und das macht oft alles andere als Spaß. Was wir betrieben haben, um ein Kind zu bekommen, erinnerte vielmehr an Sport, knallharten Leistungssport, weil wir ständig das Gefühl hatten, unter großem Zeitdruck abliefern zu müssen. Von Romantik, Leidenschaft oder sonst irgendeiner tollen Befindlichkeit war da nicht viel dabei. Dabei sind wir eher die lustigen, spontanen Typen, die sich nicht unbedingt gerne etwas vorschreiben lassen.

Wie sehr hasste ich es, dass ich aus dem Badezimmer kommen und zu meinem Mann sagen musste: »So, mein Lieber, wir sollten jetzt mal, weil Eisprung und so.«

Besonders mühsam ist das vor allem in Momenten, wo man sich vielleicht gerade nicht so zu Gesicht steht, genervt voneinander ist. Da musst du dich dann irgendwie motivieren, um es trotzdem durchzuziehen. Du willst ja nämlich keine einzige Eizelle verschwenden. Zuerst verstreicht ein Monat, dann zwei und dann ist wieder ein Jahr um und mit 42 ist das eine halbe Ewigkeit, wenn man plant, ein Kind zu kriegen.

Plus: Ich hatte im Hinterkopf auch immer den Anti-Müller-Hormon-Test, den ich gemacht hatte, der quasi die ovarielle Reserve bestimmt. Auf einer Skala von »super« bis »zur Gänze scheiße« lag mein Wert bei »nicht ganz scheiße, aber schon ziemlich scheiße«. Sprich: Ich hatte grob gerechnet noch circa zwei einigermaßen brauchbare Eier. Du weißt ja nie, wann dein Körper genau eine dieser zwei Eizellen rausschupft, die etwas bewirken können. Also lebst du in ständiger Ovulum-Obacht.

Eines Tages stand ich sogar im Büro von Christian und meinte:»Du, Mann, jetzt wäre es gerade gut...« Seine Begeisterung hielt sich ziemlich in Grenzen:»Jo, eh, aber ich bin keine Maschine.« Im ersten Moment war ich ob seiner Antwort doch recht geknickt und auch ein bisschen beleidigt, immerhin pinkelte ich seit Monaten ständig auf diese blöden Stäbchen... Aber wo er Recht hatte, hatte er Recht.

Wir erinnerten mich in unserem Tun an ein Paar, das ich während meines Au-Pair-Jahres in Paris kennengelernt hatte. Sie haben sich ganz stark einen Buben gewünscht und dafür alle möglichen Mond-Stellungen abgewartet, um dann in bestimmten Sex-Stellungen zu performen, um eben ihr gewünschtes Geschlecht zu bekommen. Mittlerweile haben sie vier oder fünf Mädchen... Einziger Unterschied: Uns war das Geschlecht so was von egal, Hauptsache, es klappte überhaupt.

»Wie war das noch einmal mit dem Bereisen der ganzen Welt?«, sagte ich irgendwann. »Wäre Australien nicht ein guter Anfang?« Die große Krux an der ganzen Sache für mich war, den Spagat hinzukriegen, das Reisen auch zu wollen und mich nicht darauf zu verkrampfen. Aber wie soll man die Sache mit dem Kinderkriegen nicht zu seinem Hauptthema machen, wenn man jeden Tag seinen Zyklus kontrollieren muss?

Ich hatte auch ehrlich Angst, dass unsere Beziehung dem ganzen Druck irgendwann nicht mehr standhalten würde. Deshalb war für mich irgendwann klar, dass wir, um das zu verhindern, von dieser Idee loslassen und im Kopf weiterziehen mussten. Das wiederum gelingt am einfachsten, wenn man sich auf einen Plan B einlässt, der im Übrigen nicht schlechter sein muss als Plan A. Alles nur Kopfsache.

Christian gefiel die Australien-Idee und wir flogen als verspätete Hochzeitsreise nach Westaustralien. Es war sensationell, so super, dass ich gar nicht sagen kann, wie super es war. Mit 16 hatte ich dort ein Jahr gelebt und ich hatte nach wie vor viele Freunde dort. Und es fühlte sich alles so frei an, ganz ohne Verpflichtungen und ohne Stress.

Eines Tages standen wir zusammen am Strand und ich blickte hinaus aufs Meer und sagte: »Christian, wenn wir kein Kind kriegen können, dann ist das eben so. Dann lass uns doch echt ausbrechen, von Wien weggehen, muss ja nicht für immer sein, aber vielleicht für fünf Jahre. Oder für eines. Du bist Fotograf und ich Werberin und wir können doch genauso gut auch hier arbeiten.« Plötzlich fühlte sich das alles stimmig für mich an. In mir war ein riesengroßes, buntes, lautes »Yeah!« und ein neues Lebensziel.»Weißt du, warum wollen wir nicht etwas ganz anderes erleben? Als Eltern entdeckst du mit Kindern jeden Tag etwas Neues. Wieso sollen wir hier nur sitzen und von den Zuschauerplätzen aus die anderen dabei beobachten, wie sie das tun? Wir machen unser Ding!«, sprach ich weiter.

Und das kannst du auch machen. Jeder kann das machen – sein individuelles, persönliches Ding. Egal, was einem das Leben an Voraussetzungen liefert. Man muss sich es nur schönreden und schönmachen, das Leben, auch wenn es einem vielleicht nicht möglich ist, seine Wünsche zu hundert Prozent umzusetzen. Einzige Bedingung: Man muss flexibel bleiben. Man muss dafür auch nicht gleich auswandern und sein ganzes Leben auf den Kopf stellen. Und du musst auch nicht mit dem Fahrrad von hier bis in die Mongolei radeln und dort als Volontär jobben. Kannst du natürlich machen, wenn dich das reizt.

Aber du kannst auch mit etwas Kleinem anfangen, wenn dich das Große zu sehr stresst. Studieren zum Beispiel. Oder endlich Gesangsunterricht nehmen, egal, wie talentiert du dafür scheinst. Für einen Marathon trainieren, auf einem Kamel durch die Wüste reiten, den Job kündigen, wenn er dich nicht beflügelt und stattdessen Heißluftballonfahrer werden, ein Buch schreiben, alles daransetzen, Jude Law persönlich kennenzulernen... Es ist vollkommen egal, was es ist, das dir vorschwebt, aber mach es, tu es einfach! Bleib nicht zuhause und leide.

Während Christian noch über meinen Vorschlag nachdachte, googelte ich bereits die Einwanderungsvoraussetzungen für Australien und suchte nach schönen Wohnmöglichkeiten.

»Komm, das machen wir!«, motivierte ich ihn, während ich eine neue Suchanfrage eintippte. »Schau, dann haben wir jeden Tag das Meer! Wie herrlich ist das bitte?« Ich griff nach dem Surfbrett neben mir. »Denk darüber nach, ich schmeiß mich jetzt mal schnell eine Runde in die Wellen!«

Und nach dem großen Glück kommt das große Wunder

0.05 Uhr. »Frau Safer, machen Sie sich keine Sorgen, es wird alles gut!«, hat mir eine Schwester gut zugesprochen, als sie mich mit flottem Schritt kurz nach Mitternacht durch den leeren Krankenhausgang in Richtung Operationssaal brachten. Sie strich mir mitfühlend über die Hand. Der Mundschutz verdeckte das Gesicht der Schwester. Ich konzentrierte mich auf ihre dunkelbraunen Augen, ihren gutmütigen Blick und versuchte, die Nerven zu bewahren.

»Atmen Sie ruhig. Ein und aus. Ein und aus.«

Ich holte durch die Nase Luft, hielt kurz inne und stieß sie durch den Mund wieder aus. Meine innerliche Ruhe ließ sich dadurch allerdings nur bedingt wiederherstellen. Es lief alles professionell und ruhig ab, aber gleichzeitig spürte ich: Da ist nichts mit Warten, was mich wiederum ziemlich nervös machte, obwohl das Personal noch so freundlich und nett und zuversichtlich auf mich einredete. »Es wird alles gut«, wie ein Mantra sprach ich innerlich die Worte der Schwester nach. »Es wird alles gut. Es wird alles gut.«

»Frau Safer, wir kriegen das hin! Hören Sie? Wir kriegen das hin!«, sagte mir die Schwester erneut, als sie zusammen mit einer Kollegin meinen Körper zur Seite drehte und eine Art Förderband mich auf den OP-Tisch beförderte, der zwar gepolstert war, sich aber nicht herrlich wie ein Bett anfühlte, sondern eindeutig wie eine Pritsche, auf der gleich etwas passieren würde.

Das gleißende Licht im OP-Saal brannte in meinen Augen und auch die sterile Umgebung trug nicht unbedingt dazu bei, dass ich mich hier wohlfühlen konnte. Die vielen Spritzen und Schläuche, die sich in mein Sichtfeld drängten, auch nicht.

Im Hintergrund vernahm ich das monotone Piepsen des Überwachungsmonitors, an den sie mich angeschlossen hatten.

Sie schnallten meine Arme fest und bauten ein riesiges, türkises Dach über mir auf, sodass ich nicht sehen konnte, wie das OP-Team an mir herumlaborierte. Ich spürte, wie sie meinen Körper in alle Richtungen zogen und obwohl ich mitbekam, wie schnell sie agierten, fühlte sich das alles wie eine Ewigkeit für mich an.

0.35 Uhr. Ein lauter Schrei und einen Augenblick später hatte ich mein nacktes, neugeborenes Baby auf meinem Busen liegen. Ein Mädchen. Mein Mädchen. Karla.

Sie lächelte und schmiegte ihren Käseschmiere-Körper an mich, als wäre ihr in der ersten Sekunde schon klar, wer ich war. Hinter mir stand Christian und streichelte meinen Kopf. Der kühle, sterile OP-Saal verwandelte sich mit einem Mal zu einer »Wir sind Familie und alles ist warm und schön und überhaupt ist alles ein ganz großes Wunder«-Geschichte.

Dass das Ärzteteam währenddessen noch damit beschäftigt war, den Schnitt am Bauch zu vernähen, bekam ich nicht einmal richtig mit, so fasziniert war ich von diesem schönen Menschlein vor mir.

Alles war so klein und zart und wunderhübsch an ihr. In diesem Moment ist so viel Glück passiert, dass sogar mein Geruchssinn zurückgekommen ist. Okay, vielleicht waren es auch nur die Bindungshormone, die wir beide ausgeschüttet haben, aber Karla roch nach Vanillekipferl. Es war ein ganz süßer, intensiver Geruch, so einzigartig und herrlich wie nie. Und er war nur in diesem einen Augenblick kurz nach ihrer Geburt da. Jetzt scheißt sie in die Windel und ich merke es nicht...

Was zwischen Australien und dem Moment passiert war? Als wir von unserer Reise wieder nach Wien zurückkamen, aktivierte mein Hirn noch einmal die ganze Kindersache. Etwas in mir ließ mich von dem Wunsch und der Idee meiner eigenen kleinen Familie nicht ganz abkommen.

»Schatz, ich habe im ›Goldenen Kreuz‹ einen Termin ausgemacht«, eröffnete ich Christian. Das war das Krankenhaus, in dem ich meinen Krebs besiegt hatte. Die haben dort auch eine Kinderwunschklinik und ich trug den Gedanken in mir, dass ich dort quasi Krankheit gegen Kind tauschen könnte. Vielleicht war da noch was drin, nachdem ich mich so tapfer geschlagen hatte. Ich mochte die Vorstellung.

Außerdem gibt es in meiner Familie diesen Spruch, dass etwas Altes gehen muss, damit etwas Neues entstehen kann. Das war für mich bis dato ein absurder Ansatz, aber gleichzeitig denke ich mir, alles, was tröstet und motiviert, hat seine Berechtigung. Mein Vater war kurz davor verstorben, viel zu früh, was mich zusätzlich dazu animierte, dem Ganzen noch eine letzte Chance zu geben.

»Wirklich viel können wir nicht machen«, sagte uns das Ärzteteam dort. Aufgrund meiner Krankengeschichte konnten ja keine Hormone ins Spiel kommen. Rückblickend bin ich ganz froh darüber, dass das bei mir gar kein Thema war. Denn das ist eine ganz andere Hürde, zu entscheiden, ob du so weit gehen sollst. Du willst ein Baby, aber weißt gleichzeitig, welchen körperlichen und mentalen Strapazen du dich dabei aussetzt. Und keiner gibt dir eine Garantie, dass es sich auch wirklich auszahlt und du am Ende des Tages dann auch tatsächlich schwanger wirst.

Bei uns sah es dann so aus, dass die Ärzte meinen Zyklus überwachten und mir das Sperma beim perfekten Zeitpunkt einspritzten. Also ganz natürlich, aber von Profis begleitet und nicht im Selbstversuch zuhause in der Grätsche.

»Das probieren wir zwei Mal«, verkündete der Doktor, »wenn es dann nicht klappt, soll es leider wirklich nicht sein.«

So, und um das Ganze abzukürzen: Beim zweiten Mal hat es funktioniert. Ich war schwanger! Ich war tatsächlich schwanger. Als ich davon erfahren habe, war ich so unglaublich von den Socken, dass ich es im ersten Moment überhaupt nicht glauben konnte.

Die ersten zwei Tage waren sowieso wow, wow und juhu, bis schließlich die große Demut einkehrte, und mir bewusst geworden ist: Warte einmal, jede vierte Schwangerschaft in etwa geht ab und in meinem Alter fast jede zweite… Man bekommt auf einmal sehr großen Respekt vor den Statistiken für die ersten drei Monate.

Die erste Zeit habe ich mich darum bemüht, mich nicht zu sehr zu freuen, weil ich Angst hatte, es könnte etwas nicht gut laufen und dann wäre ich unfassbar enttäuscht. Ich war die letzte in meinem Freundeskreis, die zum ersten Mal schwanger war. Dementsprechend kannte ich schon alle möglichen Horrorgeschichten, wusste, was alles schiefgehen konnte. Dinge, die man nicht einmal ansatzweise am Radar hat.

Und zwei Mal hatte ich den Fehler gemacht, zu googeln. Nie, nie wieder! Man tippt irgendwas von einer anstehenden Untersuchung ins Suchfeld, landet in einem Mami-Forum und weiter geht's mit den ganzen Alptraum-Storys. Logisch eigentlich, so funktioniert das ganze Leben da draußen: Wir berichten lieber über die schrecklichen Dinge, als über die, die eh passen, das wäre ja langweilig.

Beide Male habe ich daraufhin meine Gynäkologin kontaktiert, einmal musste sie mir am Sonntag um zwei Uhr in der Früh versichern, dass die Welt super ist und mit meinem Baby auch alles super ist. Zwei weitere Male bin ich während der Schwangerschaft mit großen Sorgen ins Spital gefahren, weil ich mein Baby nicht wirklich spüren konnte. Aber auch die Ärzte dort gaben bei jedem meiner Besuche Entwarnung und sagten mir, dass alles in Ordnung wäre und das Kind nur einen Faultiertag hätte.

Irgendwann bin ich dann an den Punkt gekommen, wo ich mein Verhalten blöd und lächerlich fand und beschlossen habe, mich zu freuen, ganz egal, wie die Sache am Ende des Tages ausgehen würde. Ich wollte mich nicht länger verrückt machen lassen, sondern ab sofort darauf vertrauen, dass sich die Natur bei all ihren Handlungen schon was denkt und vor allem dann, wenn ein Kind einer Frau in meinem Alter abgeht.

Ein umso größeres Wunder war es für mich, dass ich durch alle Untersuchungen mit einem »Alles herrlich! Alles herrlich!« durchgeschlurft bin bis zum Tag ihrer Geburt. Da gab es dann zwar einen Notkaiserschnitt, weil ihre Herztöne schlecht waren, aber alles in allem haben wir das echt gut hinbekommen.

Eine Frau stand im Lift...

...und wog in ihren Armen vorsichtig ihr frisches Superglück hin und her. Es war ein Hauch von Baby, so klein war dieses Scheißerchen, das seine noch runzeligen Fingerchen von sich streckte. Es war sicher nicht älter als einen Tag, maximal zwei. Die Frau hatte diesen ganz speziellen, unendlichen Hormon-Glücksglanz, der sie umgab, obwohl sie von der Geburt bestimmt ziemlich mitgenommen war. Aber dieses weiße, weiche Strahlen, das sie umhüllte, ließ die Strapazen der Geburt und alle anderen, die das Leben so mit sich bringt, in ihrer Gegenwart verblassen. Wunderschön. Diese Frau war ich.

Danksagung

Ich danke all meinen wunderbaren Freunden, auch all denen, die hier zwar nicht genannt sind, die aber wissen, dass sie ein fixer Bestandteil meines Lebens sind.

Ganz besonders möchte ich aber diesen hier danken, die meine Familie sind und meine Crew. <3

...meinem wunderbaren Mann, Norli, Alex, Asselito, Kerstin, Sonja, Doris, Patrik, Hörntschipobörntschi, Jaz und Fundi, Uli, Anna, den Nikis, den Gertis, Kathi Domiter fürs Schreiben und Schreiben und Schreiben, meiner Mama und unserer großartigen kleinen Karla.

Ich liebe euch, ohne euch wäre mein Leben nicht so, wie es ist - wunderbar!